FL SPA 294.3 R7631r

Rome, David I.
La respuesta esta en tu
   interior : usa la
   percepcion sensible
   (felt sense) para
33090015106349 NORT 01/16

W9-AXK-874

DISCARD

NO LONGER PROPERTY OF
THE LONG BEACH
PUBLIC LIBRARY
LONG BEACH PUBLIC LIBRARY
101 PACIFIC AVENUE
LONG BEACH, CA 80822

3 3090 01510 6349

DISCARD

NO LONGER PROPERTY OF
THE LONG BEACH
PUBLIC LIBRARY

LA RESPUESTA
ESTÁ EN TU INTERIOR

DAVID I. ROME

LA RESPUESTA ESTÁ EN TU INTERIOR

Usa la percepción sensible *(felt sense)*
para superar problemas, potenciar el cambio
y liberar tu creatividad

MADRID - MÉXICO - BUENOS AIRES - SAN JUAN - SANTIAGO
2015

Título del original inglés: YOUR BODY KNOWS THE ANSWER, por David I. Rome

© 2014. David I. Rome, con Shambhala Publications, Inc., Boston
© 2015. De esta edición, Editorial EDAF, S. L. U. Jorge Juan, 68. 28009, Madrid, por acuerdo con A.C.E.R. Agencia Literaria. Amor de Dios, 1, 28014 Madrid
© De la traducción, Mariano José Vázquez

Diseño de la cubierta: Gerardo Domínguez

Editorial Edaf, S. L. U.
Jorge Juan, 68. 28009 Madrid, España
Tel. (34) 91 435 82 60 - Fax (34) 91 431 52 81
http://www.edaf.net
edaf@edaf.net

Algaba Ediciones, S.A. de C.V.
Calle 21, Poniente 3223, entre la 33 Sur y la 35 Sur
Colonia Belisario Domínguez
Puebla 72180, México
Teléfono: 52 22 22 11 13 87
edafmexicoclien@yahoo.com.mx

Edaf del Plata, S. A.
Chile, 2222
1227 Buenos Aires (Argentina)
edafdelplata@edaf.net

Edaf Antillas / Forsa
Local 30 A-2
Zona Portuaria Puerto Nuevo
San Juan PR00920
(787) 707-1792

Edaf Chile, S. A.
Coyancura, 2270, oficina 914. Providencia
Santiago, Chile
edafchile@edaf.net

Queda prohibida, salvo excepción prevista en la ley, cualquier forma de reproducción, distribución, comunicación pública y transformación de esta obra sin contar con la autorización de los titulares de propiedad intelectual. La infracción de los derechos mencionados puede ser constitutiva de delito contra la propiedad intelectual (art. 270 y siguientes del Código Penal). El Centro Español de Derechos Reprográficos (CEDRO) vela por el respeto de los citados derechos.

Abril de 2015

ISBN: 978-84-414-3518-6
Depósito legal: M-9273-2015

PRINTED IN SPAIN   IMPRESO EN ESPAÑA
COFÁS, S. A. - Móstoles (Madrid)

A la memoria de mis padres
CHAWA y HERZEL,
que me dieron amorosamente la vida.

Índice

PREFACIO 13

INTRODUCCIÓN 21

PRIMERA PARTE
HACER AMIGOS *EN* UNO MISMO

CAPÍTULO 1. Pasos para encontrar la percepción sensible . . . 37

    Ejercicio 1.1. Presencia Arraigada de la Atención (PAA) . . 38
    Ejercicio 1.2. Atención cordial 41
    Ejercicio 1.3. Advirtiendo «algo» 45

CAPÍTULO 2. Las puertas de la percepción sensible 48

    Ejercicio 2.1. De la sensación física a la percepción sensible. 49
    Ejercicio 2.2. Dejando a un lado el proceso discursivo . . 52

CAPÍTULO 3. El sentimiento bajo el sentimiento 56

    Ejercicio 3.1. El sentimiento bajo el sentimiento 59

Capítulo 4. Cuidando las percepciones sensibles 63

Ejercicio 4.1. «¿Cómo marcha esto?» 63
Ejercicio 4.2. Darse cuenta de lo que el cuerpo retiene .. 65
Ejercicio 4.3. «¿Qué requiere ahora mi atención?» 68

Capítulo 5. Trabajando las situaciones 70

Ejercicio 5.1. Comenzando por la situación 72

Capítulo 6. Focalizando la percepción sensible 75

Ejercicio 6.1. Describiendo la percepción sensible 77

Capítulo 7. Solicitando la introspección desde la percepción
sensible 80

Ejercicio 7.1. Investigación empática 81

Capítulo 8. Pequeños pasos, cambios de sensación y agradecimiento por lo que llega 86

Protocolo de Centramiento Presencial 93

Capítulo 9. Cuidando la empatía del yo y desactivando la crítica interna 96

Ejercicio 9.1. Autoempatía 97
Ejercicio 9.2. Amigándose con la crítica interna 104
Ejercicio 9.3. Reviviendo sentimientos dolorosos 107

Interludio 109

CAPÍTULO 10. *Mindfulness*, atención y el Yo soberano 111

CAPÍTULO 11. La profunda naturaleza del proceso vital 120

SEGUNDA PARTE
AVANZAR EN LA VIDA

CAPÍTULO 12. De la introspección a los pasos activos 133

EJERCICIO 12.1. Encontrar el nuevo paso correcto 138

CAPÍTULO 13. Atención profunda 141

Ejercicio 13.1. Simplemente escuchar o prestar atención. 146
Protocolo de Atención Profunda 149

CAPÍTULO 14. Conflicto 151

Ejercicio 14.1. Percepción sensible vicaria 154
Ejercicio 14.2. Establecer turnos 159

CAPÍTULO 15. Tomar decisiones difíciles 165

Ejercicio 15.1. Decidir desde la percepción sensible 174
Protocolo de Decisión de Percepción Sensible 175

CAPÍTULO 16. Subcomprensión 179

Ejercicio 16.1. Lectura con percepción sensible 182

CAPÍTULO 17. «El primer pensamiento, el mejor pensamiento».
La percepción sensible en el proceso creativo 185

Ejercicio 17.1. Componer un haiku 192

CAPÍTULO 18. Ampliando el espacio 194

Ejercicio 18.1. Ampliando el espacio 196
Ejercicio 18.2. Paseando con lo maravilloso 198

CAPÍTULO 19. Contemplación: Percibir al máximo 201

Ejercicio 19.1. Percibir al máximo 205

APÉNDICE: Protocolo del Centramiento Mental 207

NOTAS 211

FUENTES PARA PRÁCTICAS Y ESTUDIOS SUPERIORES 215

NOTA SOBRE EL AUTOR 217

ÍNDICE DE TÉRMINOS 219

Prefacio

En el verano de 1971, poco después de que regresara a Nueva York tras dos esclarecedores años como voluntario del Cuerpo de Paz, en Kenia, mi antiguo compañero de colegio Alex me invitó a recorrer Europa durante un par de meses. Empezamos en Inglaterra visitando los megalitos de Stonehenge, la maravillosa catedral de Salisbury y la legendaria Glastonbury Tor adonde el rey Arturo fue en busca del Santo Grial. Me quedé profundamente impresionado por estas visitas, pero ejercieron el curioso efecto de hacerme sentir perdido, descentrado, vacío. No me era posible conectar mi propia existencia con aquellas maravillas. Por aquel entonces me parecía imposible conectarme con nada de cuanto pudiera rodearme.

Alex, un activista de la política preconizada por Gandhi, acababa de pasar un tiempo en India y tenía el propósito de que nuestro próximo destino fuera un «monasterio tibetano» de Escocia. Sin mucho entusiasmo le acompañé a aquella larga expedición, a través de un desolado y ventoso paisaje, en uno de cuyos rincones se encontraba una antigua cabaña de caza, ahora convertida en un centro de meditación budista. Si bien en tal extraño lugar me sentía aún más fuera de mi elemento que antes —aunque debo reconocer que también algo intrigado—, traté de sentarme respetuosamente en un bajo cojín, me uní lo mejor que pude a aquellas extrañas salmodias y seguí las instrucciones debidas para hacer una meditación en silencio. A pesar de encontrarme incómodamente sentado y de sentir que los minutos se me hacían cada vez más largos, de modo casi imperceptible, al principio percibí que comenzaba a contactar con algo nuevo que había en mi interior. No era un sorprendente fogonazo de luces extrañas, ni ningún estado alterado de conciencia, pero me sentí invadido por una especial atención interna. Carezco de palabras para describir lo que sentí, pero supe que estaba viviendo algo que tenía una realidad especial, una presencia interior, de la que había carecido hasta entonces.

El centro de meditación se llamaba Samye Ling *. Tenía una pequeña librería con los pocos libros en inglés sobre budismo que se podían conseguir por entonces. Me llamó la atención uno en particular, un delgado volumen titulado *Meditación en acción*, de Chögyam Trungpa Rinpoche, el joven lama tibetano que había fundado el Centro pocos años antes y que, según pude enterarme, vivía y enseñaba en Norteamérica. Leí el librito en el avión, de regreso a Estados Unidos, y en el mes de octubre, en ese mágico mes en el que Nueva Inglaterra se ilumina con el esplendoroso follaje de sus bosques y la luz de su cielo azul, me dirigí al norteño Vermont para visitar «Cola de tigre» (que actualmente se llama Karmé Chöling), el nuevo Centro de meditación fundado por los primeros discípulos americanos de Trungpa Rinpoche. Allí encontré a mi maestro, re-

_____

* Kagyu Samye Ling Monastery and Tibetan Centre está situado en Eskdalemuir, Reino Unido.

cogí manzanas para hacer una deliciosa sidra, y empecé con el mayor interés a estudiar y practicar el budismo.

En el verano siguiente me trasladé a Boulder, en Colorado, la vieja ciudad minera y sede de la Universidad de Colorado, a los pies de las Montañas Rocosas, en donde Trungpa Rinpoche había fijado su nuevo hogar y su cuartel general. En enero de 1974, tras participar en el primer seminario trimestral avanzado del año, tuve la gran suerte de convertirme en su secretario privado, puesto que vine desempeñando durante más de nueve años. Este tiempo estuvo marcado por el aumento del trabajo, extraordinariamente creativo, de Trungpa Rinpoche —en el que hay que incluir la fundación del Instituto Naropa (ahora Universidad Naropa) en aquel mismo verano—, que ha tenido un efecto tan destacado en el desarrollo del budismo occidental y de sus ejercicios contemplativos en general.

Fueron unos años de importante crecimiento personal para mí. Conocí y me casé con Martha, la que hoy es mi esposa; posteriormente nació nuestra hija Rebeca, y en esa época hice también una serie de amistades que duran hasta el día de hoy.

Dejamos Boulder en 1983 para vivir en Nueva York y trabajar en Schocken Books, la pequeña pero selecta editorial fundada por mi abuelo Salman Schocken. Durante este tiempo edité libros, establecí nuevas sucursales de la editorial y aprendí a enfrentarme con los retos que conlleva el mundo comercial en mi puesto de presidente de la Compañía, cargo que desempeñé durante dos años, antes de vender la editorial a Random House en 1987.

Después vino una estancia de seis años en Halifax, Nueva Escocia, la nueva sede y actual cuartel general de Shambhala Internacional, la red mundial de centros de meditación que está dirigida por el hijo de Trungpa, Sakyong Mipham Rinpoche.

En 1993 acepté la invitación de Bernie Glassman —un roshi zen de origen judeo-americano y uno de los primeros activistas sociales budistas—, para formar parte de la Greyston Foundation, organización en parte comercial y en parte altruista, que se hallaba establecida en Yonkers, Nueva York, dedicada al desarrollo personal y a la prestación de servicios a la comunidad urbana. Esta actividad constituyó un retorno al tipo de servicios que había empezado a prestar durante mis años del Cuerpo de Paz en África Oriental, y que ahora se combinaba con mi camino por la contemplación y el budismo.

Los doce años que pasé en Greyston representaron un tiempo de plena realización, ya que en mi interior sentía en cierto modo que me faltaba algo; una sensación no muy distinta de la que había experimentado a mis veintitantos años. Necesitaba profundizar en mis sentimientos. Fue también por entonces cuando padecí mi primera enfermedad, grave y prolongada.

Un día, mientras curioseaba en una librería de Vermont, me topé con un pequeño libro editado en rústica. Tenía toda la cubierta llena de fotografías, un tanto abstractas, de una serie de piedras de diferentes colores, formas y tamaños vistas a través de las onduladas aguas de un arroyo. El libro tenía por título una única palabra: *Centramiento*. El nombre del autor, Eugene Gendlin, no me era conocido. Lleno de curiosidad, pagué los dos dólares cincuenta que costaba el librito y me lo llevé.

Como me había sucedido años atrás con *Meditación en acción*, *Centramiento* me transportó a un territorio, completamente nuevo para mí, de autoconocimiento. Aunque los ejercicios de conciencia mindfulness habían aclarado muchas sutilezas físicas, mentales y emocionales a lo largo de mi vida que, de otro modo, no hubiera podido reconocer, ciertos aspectos esenciales de mi carácter permanecían ocultos.

La meditación es una práctica maravillosa para poder apartarse de las premuras y complejidades de la vida diaria y conseguir un refugio en un espacio más sereno y amplio de la mente, pero puede resultar insuficiente para traer a la luz las raíces más profundas de los sentimientos, recuerdos y creencias, incluyendo los orígenes de un bloqueo creativo y emocional. Al mismo tiempo, y dado su énfasis en la «atención desnuda» —advirtiendo simplemente lo que surge en la experiencia del momento presente y dejando que después aquello se vaya— no constituye el mejor instrumento para resolver los problemas de orden práctico (el Buda, después de todo, renunció a la vida mundana a fin de penetrar en las raíces del sufrimiento humano y comprender la naturaleza última de la realidad).

La técnica que Eugene Gendlin denominó *Centramiento* proporciona el nexo de unión que me había estado faltando: un medio sencillo pero poderoso que sirve de puente entre la práctica de la meditación sentada y el meollo de la vida diaria. Se trataba de un medio contemplativo para descubrir y trabajar con mis sentimientos más profundos y resolver, al mismo tiempo, los retos específicos de la vida real: el trabajo, el matrimonio, la paternidad y muchos otros.

El Centramiento presencial, o concentración en el presente, es decir, el método para resolver los problemas y cuidar la interiorización que se presenta en este libro, refleja enteramente el viaje personal que ya he descrito. Lo ofrezco como una nueva integración de una poderosa técnica introspectiva que aúna la moderna filosofía y la psicología occidental con las prácticas de la conciencia *mindfulness* que tuvieron su origen en India, hace tres mil años.

Siento una profunda deuda de gratitud hacia los maestros extraordinarios con los que he tenido el privilegio de aprender y de ser guiado, especialmente y en primer lugar Chögyam Trungpa Rinpoche y Eugene Gendin. La inmensa contribución de estos dos genios de la experiencia humana es el eje central de este libro. También me siento profundamente agradecido a otras grandes figuras que han influenciado en mi trabajo y me han servido de guías personales como fueron Ashley Bryan, Allen Ginsberg, Arawaba Hayashi, Robert Kegan, Otto Scharmer, Peter Senge, Daniel Siegel y Francisco Varela.

He estado profundamente influenciado por el trabajo de Hope Martin, maestro de la Técnica Alexander, que ha sido mi maestro personal al tiempo que copartícipe y camarada de enseñanza en el programa de Embodied Listening. Mi comprensión del método de Centramiento se ha visto nutrido asimismo por otros maestros como Ann Weiser Cornell, Mary Hendricks Gendlin, Robert Lee, Kye Nelson, y mi querida amiga y socia de Centramiento Carolyn Worthing.

Guardo en mi corazón un lugar especial para aquellas personas que han patrocinado y publicado mi trabajo: Michael Chender y Susan Szpakowski, de ALIA; Melinda Darer, del Focusing Institute; Diane Rose, Rob Gabriele, Tish Jennings y Mary Pearl, del Farrison Institute; Jukie Martin, del Goddard College; Bernie y Jishu Glassman y Charles Lief, de la Greyston Foundation; Patton

Hyman, de Karmé Chöling; Richard Brown, Susan Skjei, Mark Wilding y Charles Lief (de nuevo), de la Naropa University; Jim Kullander, del Omega Institute; Tracy Cochran, del *Parabola;* Dale Asrael, Adam Lobel y otras muchas personas de los centros Shambhala International diseminados por toda Norteamérica y Europa; Melvin McLeod, James Gimian y Barry Boyce, de las revistas *Shambhala Sun* y *Mindful;* Craig Richards, Robin Stern y Aliki Nicolaiedes, del Teachers College en la Universidad de Columbia; Andrew Cooper y Sam Mowe, de *Tricycle,* y Jim y Margaret Drescher, de la Windhorse Farm.

Agradezco también los ánimos, la guía y el apoyo, tanto en el aspecto práctico como en el emotivo, que me han prestado Michael Baime, David Bolduc, Richard Brown, Michael Carroll, Gayna Havens, Evan Henritze, Carol Hyman, Roger y Susan Lipsey, Andy y Wendy Karr, Jackie Meuse, Susan Piver, Dan Rome, Rebecca Rome, Jim Rosen, David Sable, Rose Sposito y tantos otros colegas, amigos y familiares.

Me siento profundamente en deuda con la generosa cohorte de lectores editoriales cuyos agudos comentarios sobre los diferentes niveles de redacción de esta obra han logrado rescatarme de dar pasos en falso y otros desaciertos en ella (dejándome en libertad para aquellos que aun pudieran persistir): Barbara Bash, Ann Weiser Cornell, Joan Klagsbrun, Ellen Meisels, Jerome Murphy, Martha Rome, Pamela Seigle, Donna Siegel y Rona Wilensky.

He tenido el privilegio y el placer de poder trabajar con el editor Dave O'Neal y sus maravillosos y entregados colegas de Shambhala Publications, teniendo también como editor *extraordinaire* a Tracy Davis.

Este libro no habría visto la luz de no ser por F. Joseph Spieler, querido amigo de muchas décadas y mi agente, cuyos consejos de largos años —«Tienes un libro dentro de ti»; «Escribe lo que sabes»— me dio la suficiente confianza como para intentarlo. Sus sabias advertencias e incansable guía dieron su resultado. Joe, te debo más de lo que puedan expresar las palabras.

Por último, tampoco existiría este libro —ni yo como persona capaz de escribirlo— sin el amor, la lealtad, el discernimiento, la paciencia, la impaciencia, y la profunda camaradería de mi esposa. Gracias, Martha, por hacer posible todo esto.

Introducción

¿QUÉ tienen en común las siguientes situaciones?

- Usted sabe que hay algo más en la vida, pero no sabe cómo llegar a ello.
- Tiene problemas en contactar con sus sentimientos.
- Vive emociones intensas que le resultan penosas y que algunas veces desencadenan conflictos con otras personas.
- Su trabajo no le resulta satisfactorio.
- Tiene demasiados enfrentamientos con su pareja, con miembros de su familia, con compañeros y amigos.
- Sabe lo que tiene que hacer, pero ignora cómo empezar a hacerlo.
- Tiene pensamientos repentinos y críticos sobre su propia inteligencia, su apariencia o su capacidad intelectual.
- Ha tomado una decisión que quiere mantener, a pesar de las dificultades, pero todavía no se siente seguro de lo que ha de hacer.
- Se encuentra tanteando algo, pero no sabe cómo identificarlo.

- Ha iniciado un nuevo proyecto de forma creativa, pero ahora se siente estancado y le parece que no hace nada bien.
- Hay cosas en usted que le gustaría cambiar, pero no sabe cómo hacerlo.

Resulta bastante fácil reconocer que todas estas situaciones incorporan cierta clase de cambios personales. Algunos de estos cambios constituyen problemas evidentes; otros se parecen más a posibles oportunidades. O, como suele suceder frecuentemente, hay problemas que proporcionan oportunidades y oportunidades que también presentan problemas. Su común denominador es que todos ellos requieren *un cambio*. Más aun, el cambio requerido no siempre es algo tan evidente y sencillo como cambiar las ruedas de nuestro coche cuando ya están gastadas, ni tan importante y complicado como cambiar de ciudad para conseguir un trabajo o un colegio nuevo.

La clase de actitud que requieren todas estas situaciones, ya sean importantes o no, es un cambio *interior*. Exigen un tipo de cambio cuyos pasos, en un principio, no son evidentes en absoluto; y que si bien otras personas pueden proporcionarle su ayuda, consejo e información, en definitiva nadie puede hacerlo por uno mismo. El cambio interior del que estoy hablando necesita que *usted haga algo que no sabe cómo hacerlo*.

La técnica del Centramiento Mental es una habilidad interna, que incluye mente, cuerpo y corazón, y que habrá de mostrarle una manera diferente de trabajar aquellos problemas que no parecen tener respuesta.

La neurociencia de una vida equilibrada

A medida que el campo de la neurociencia cognitiva va desentrañando más y más las complejas funciones del cerebro humano, no dudamos en considerar al cerebro como el órgano supremo de la coordinación, de la integración y del equilibrio de los procesos vitales. Las recientes investigaciones se han centrado en las diferencias que existen entre el hemisferio derecho y el izquierdo del cerebro. Mientras que este último se especializa en el lenguaje, el proceso lógico, los hábitos repetitivos y los mecanismos de control, el hemisferio derecho se ocupa del conocimiento del cuerpo, de las emociones, la creatividad y la elasticidad para adaptarse a nuevas situaciones. La civilización moderna ha puesto un gran énfasis en las funciones que dependen del hemisferio izquierdo relegando, por el contrario, las capacidades propias del hemisferio derecho. (La desaparición de disciplinas tales como el arte y la música en los programas de los colegios representa un ejemplo muy preocupante.)

Hemos llegado a un punto de nuestra evolución como especie en el que la acelerada especialización del lenguaje y del pensamiento lógico, el auge de poderosísimas tecnologías y el incesante deterioro ecológico amenazan nuestra supervivencia. Se ha producido un desequilibrio en la vida de los individuos que componen nuestra sociedad, y en su capacidad para compartirla de forma equitativa. En este sentido, no solamente nuestra salud mental, sino también nuestra capacidad de discernimiento, nuestra identidad y nuestros objetivos —por no mencionar la felicidad— dependen de que volvamos a establecer el debido equilibrio entre las diferentes funciones cerebrales. Este libro presenta el método del Centramiento mental, una síntesis de las dos disciplinas cuerpo-mente —una antigua y otra moderna— que constituye un medio altamente eficaz para proteger ese necesario equilibrio y para conseguir asimismo una buena salud, disfrutar de una existencia agradable y plena y alcanzar un alto grado de sabiduría en nuestra vida.

La antigua práctica de *mindfulness,* o atención plena, proporciona serenidad, claridad mental y equilibrio emocional mediante un estado de atención sostenida y presencia en el momento que se está viviendo. La neurociencia cognitiva, gracias a las nuevas y poderosas tecnologías, como la representación óptica por resonancia magnética (fMRI), está dando validez a los múltiples beneficios, tanto fisiológicos como psicológicos, que proporcionan las técnicas de mindfulness, entre los que se pueden contar la reducción de estrés, la salud cardiovascular, la mejoría del estado de ánimo y el incremento de la inteligencia emocional. Chögiam Trungpa Rin-poche describe los ejercicios de *mindfulness* como una manera sencilla de hacer amigos con uno mismo.

El *Centramiento* es un método moderno de concienciación mente-cuerpo, cuya eficacia para reducir el estrés, incrementar la elasticidad y fomentar el crecimiento personal ha quedado demostrada por un gran número de investigaciones. En la actualidad este método se ha ido extendiendo notablemente, y así desde su origen en el ámbito de la psicoterapia ha pasado a otros campos y aplicaciones prácticas que van desde la educación a la Medicina y al mundo de los negocios. En los capítulos 10 y 11 se ofrecen más antecedentes y una mayor información, tanto sobre mindfulness como sobre Centramiento. Pero ahora quisiéramos centrarnos en descubrir los avances que subyacen en el corazón del método de Centramiento presencial.

Buscando la percepción sensible o *felt sense**

En los años 1950 Eugene Gendlin, un joven licenciado de la Universidad de Chicago que trabajaba con el gran psicólogo americano Carl Rogers, se propuso descubrir por qué algunas personas sometidas a terapia tenían buenos resultados y otras no. Mediante un cuidadoso análisis de las sesiones recogidas en magnetófono, Gendlin y su equipo fueron capaces de demostrar que la variable crucial que diferenciaba unos resultados de otros no se encontraba en el tipo de terapia practicada, ni siquiera en la capacidad clínica del terapeuta, sino más bien en la disposición positiva que determinados pacientes mostraban desde la primera sesión y de la que otros, por el contrario, carecían. En definitiva, era la capacidad de conectar y hablar desde *una vivencia no conceptual* (percepción) *y sentida corporalmente* (sensible) de los problemas que estaban viviendo.

En lugar de hablar con un lenguaje lleno de frases muy coherentes y lógicas, los pacientes que tenían éxito con el tratamiento se expresaban de una manera más bien insegura y dubitativa. Por ejemplo, podían decir al terapeuta: «No estoy muy seguro de cómo expresar esto». O bien expresaban una cosa, se paraban un momento y luego decían otra cosa diferente: «Tengo como un sentimiento muy pesado en el pecho; bueno, no es exactamente algo pesado, es más bien como una sensación opresiva…».

Al analizar los comentarios de los pacientes que habían tenido éxito con la terapia —aquellas personas que podían tener una per-

---

* De aquí en adelante sustituiremos en el texto la expresión *felt sense* por percepción sensorial o sensible, que creemos se ajusta al significado real de la misma. *(N. del E.)*.

cepción más fresca de su problema y que realmente iban cambiando positivamente—, Gendlin demostró que tales individuos estaban en contacto con una especie de sensación interna poco clara, una sensación corporal que les impedía expresarse plenamente con palabras. Gendlin llamó a esta forma no verbal de conocimiento «percepción de sensación corporal» o, más sencillamente, intuición.

Esta clase de percepciones sensoriales pueden encontrarse en una zona sutil y generalmente desconocida de nuestro interior. En una especie de zona límite entre el consciente y el inconsciente. Tal tipo de experiencias se hallan debajo de la atención que en nuestra vida diaria prestamos a cosas, pensamientos, emociones y creencias. Es una forma de conciencia embrionaria en la que «cuerpo» y «mente» no se encuentran separadas. Las intuiciones son, a la vez, *experiencias corporales* y *significativas*. Ellas *encarnan* la única realidad de nuestras vidas que no se puede expresar con palabras.

Las percepciones sensoriales son sensaciones somáticas poco claras que en su mayor parte nos pasan desapercibidas, si bien no son enteramente inconscientes. Se pueden «detectar» prestando un cierto tipo de atención especial a la zona corporal en la que se forman. Cuando se presta esa atención de forma desapasionada, la intuición que se ha percibido en un principio de forma vaga e indescriptible adquiere mayor claridad y presencia. Una intuición puede nacer y ofrecer algo que ella sabe sobre una determinada situación vital y que usted —es decir, su mente consciente y razonadora— todavía no conoce. Iniciar un proceso de investigación de la intuición favorece destellos espontáneos de esa misma percepción, que generan un nuevo tipo de comprensión y que permiten, de ese modo, solucionar los retos de la vida.

Cuando la mente conceptual pierde su momentánea conexión con una experiencia corporal, empieza a asumir su propia existencia. La mente conceptual es muy eficaz para identificar distintas partes y reunirlas para formar nuevas combinaciones; pero no es buena para establecer un sentido de la totalidad. Puede perder el contacto con la realidad de nuestras vidas, creando realidades alternativas, ya sean placenteras o desagradables, que resultan en definitiva inadecuadas o incompletas.

Evidentemente, hay ocasiones en las que esta capacidad que posee la mente conceptual para pensar de forma abstracta —es decir, al margen de la experiencia corporal— resulta sumamente útil. Podemos «sentir» que dos más dos son cuatro, pero nos es imposible «sentir» que 2.365 más 3.472 son 5.837, si no seguimos el proceso normal de verificar esa suma. La tecnología, la ciencia moderna y otras muchas disciplinas dependen de esa forma abstracta de pensamiento, pero en nuestra vida diaria sucede, con demasiada frecuencia, que nuestra mente conceptual crea «constructos» —es decir, ideas formadas con palabras— que se encuentran disociadas de la realidad que vivimos. Esta disociación es el origen de una gran frustración y sufrimiento.

Acceder a un conocimiento más holístico de nuestro cuerpo puede llevarnos también a una relación más precisa con nuestras situaciones vitales. A menudo esto engloba reconocidos aspectos de nuestra vida que no son como quisiéramos que fueran o como quisiéramos que otros nos viesen. Pero conocernos tal como somos, y ver las cosas tal y como son en realidad, nos proporciona la única base para tener una vida plena, genuina y completamente productiva. «Conócete a ti mismo», rezaba el antiguo principio griego. Carl Roger, el mentor de Gendlin, decía: «La curiosa paradoja es que cuando me acepto tal y como soy, entonces puedo cambiar»[1].

Descubrir la percepción sensorial o sensible *(felt sense)* es un medio importante para conocerse de manera profunda, para aceptarse tal y como uno es en el momento presente, y de ese modo poder cambiar para alcanzar una actitud personal más enriquecedora.

¿De qué manera nos beneficia el descubrimiento de la percepción sensible?

La percepción sensible es una dimensión que existe dentro de nosotros en la que se encuentra un tesoro escondido. El propósito de este libro es el de proporcionarle algunas herramientas con los cuales pueda desenterrar ese tesoro. Descubrir la percepción sensorial nos permite aportar una forma más profunda de conocimiento a situaciones vitales, a problemas, decisiones y retos creativos. Este conocimiento más profundo puede hacer que logremos una nueva percepción de nosotros mismos, y que demos los pasos necesarios para cambiar aquellos aspectos de nuestra vida que nos impiden avanzar, liberando una energía fresca y vigorizante capaz de dotar a nuestra vida de una actitud positiva.

Si usted tiene dificultad para acceder a sus sentimientos, el Centramiento Presencial puede proporcionarle la llave que le permita abrir el cofre en el que se hallan encerrados. Eso fue exactamente lo que me llevó, en primer lugar, a realizar el ejercicio de descubrir la percepción sensorial. Por otro lado, si usted se ve envuelto en demasiadas emociones, el Centramiento Presencial puede mostrarle la manera de no sentirse superado, o paralizado, por sentimientos fuertes. Se trata de un proceso gradual para desarrollar una relación de confianza con todas aquellas partes de usted mismo, incluyendo los aspectos de su experiencia que no han logrado llegar al plano consciente. La percepción sensorial nos proporciona el medio adecuado para reconocer y modificar aquellas cosas que nos han estado dominando, en lugar de ser sus víctimas.

La práctica de la percepción sensible también resulta muy beneficiosa a la hora de relacionarnos con los demás. De este modo, y en lugar de reaccionar de forma inmediata a determinados pensamientos y emociones, desarrollamos un espacio mental, psicológico y emocional en nuestro interior desde el cual podemos responder a esos estímulos de forma más profunda y sabia. Al ejercitar la percepción sensible cambiamos el modo de escuchar y de hablar, de aprender y pensar, de decidir y crear. La percepción sensorial tiene el poder de hacernos más flexibles, más perspicaces y más productivos, además de hacernos más autónomos con nosotros y mejores compañeros con los demás. Asimismo, constituye un magnífico complemento de otros métodos para el crecimiento personal y la consecución de una vida saludable, incluyendo los ejercicios corporales, la psicoterapia, la meditación y las prácticas espirituales.

Tal vez se pregunte usted cómo es posible que siendo la percepción sensorial una técnica tan versátil y eficaz no haya sido más ampliamente conocida. Existen varias respuestas a esa pregunta. Descubrir y practicar la percepción sensorial no es un trabajo llamativo ni constituye una solución rápida; es un ejercicio que requiere tiempo y dedicación. Puede llevarle a situaciones incómodas que hay dentro de usted y hacerle enfrentarse a ellas. Y por último, pero no por ello menos importante, se trata de una técnica que se enfrenta a la misma esencia de nuestra cultura actual, en la que priman la velocidad y la gratificación instantánea, la información incesante, la difusión social por medios digitales, la obsesión por las apariencias, el materialismo y un sinfín de variedades de egoísmo.

Los seres humanos somos muy parecidos a icebergs, en los que gran parte de lo que realmente somos y las motivaciones que marcan nuestra conducta permanecen por debajo del nivel ordinario de conciencia. Al aprender la forma de acceder a nuestra innata, pero relegada, capacidad para conocernos corporalmente podemos esclarecer zonas que se han perdido o de las que nos sentimos alienados, y de esta manera nos es posible descubrir el modo de encontrarnos con aquellas necesidades ocultas que dichas zonas encarnan. De este modo esas zonas pueden reintegrarse y contribuir a un cambio positivo, al crecimiento y a la plena realización.

Cómo utilizar este libro

Una vez que usted haya logrado la capacidad de descubrir la percepción sensible, le será posible hacerlo en cualquier sitio y en cualquier momento: en ese ascensor que le lleva a una importante reunión, en el transcurso de esa misma reunión, mientras camina o mientras conduce su automóvil. Pero para aprender y, posteriormente, profundizar en la técnica de la percepción sensorial le será necesario dedicar cierto tiempo y energía.

La manera de aprender que tiene cada individuo es algo personal. Ciertas personas son capaces de localizar rápidamente sus percepciones sensoriales, mientras que la mayoría necesitan repetir los intentos. Pero aunque usted se encuentre entre estos últimos no se desanime. Incluso si no logra descubrir nada al principio, los ejercicios básicos que se especifican en el capítulo 1 le aportarán un conocimiento estimulante de lo que está sucediendo en su cuerpo que, posteriormente, le hará sentir sus percepciones sensoriales. Recuerde el ejemplo de la siembra: al principio, no se ve crecer las semillas, pero es necesario seguir regándolas.

También es importante saber de antemano que el proceso de descubrir la percepción sensible puede resultar incómodo. Usted estará penetrando en un territorio interior que le resultará poco familiar, y es posible que en él se encuentre con lugares que le resulten extraños, penosos, desagradables o desorientadores. Pero la recompensa por seguir en la brecha, aunque eso le resulte incómodo, será el llegar a nuevos lugares en los que encontrará una maravillosa sensación de rectitud, perspicacia y libertad. Este libro se divide en dos partes. La primera parte se centra en el tema de hacer amigos con uno mismo o, como dice el título del capítulo, hacer amigos *dentro* de uno mismo. Presenta una introducción, paso a paso, a la práctica del Centramiento presencial. En cada capítulo se incluyen uno o más ejercicios para conseguir ciertas habilidades internas que, tomadas en conjunto, constituyen un repertorio utilizable a medida que usted vaya profundizando en la práctica, y que puede empezar a emplear en diversas clases de desafíos.

La segunda parte, «Avanzar en la vida», detalla cuidadosamente la forma de aplicar el Centramiento presencial a determinados contextos. Se inicia con el reto de convertir las percepciones en acciones; después, observa cómo se utilizan esas percepciones sensoriales cuando hay que enfrentarse a desafíos relacionales, problemas de comunicación, situaciones conflictivas y toma de decisiones. Seguidamente estudia la manera en la que el Centramiento presencial profundiza en la comprensión intelectual y en el discernimiento estético; el papel que desempeña en el proceso creativo y cómo incrementa la atención y la apreciación de la naturaleza y el entorno. El capítulo final explora el importante papel que desempeña la percepción sensible en la dimensión espiritual de nuestras vidas. Al igual que sucede en la primera parte, cada capítulo contiene uno o más ejercicios que se pueden hacer en solitario o, en ciertos casos, en compañía de otras personas.

Entre la primera y la segunda parte hay un interludio de dos capítulos que profundizan en las dos tradiciones principales que se reúnen en el Centramiento presencial: los ejercicios de meditación del budismo clásico y la Filosofía de lo Implícito de Eugene Gendlin: una nueva y radical comprensión de la naturaleza de los seres vivientes y del proceso de la vida que sustenta el descubrimiento y desarrollo del Centramiento. Si bien tanto las fuentes como la teoría son importantes para su aprendizaje, le será muy útil leer también el interludio anteriormente citado. Pero si la teoría no es lo que más le interesa, puede saltársela sin mayor inconveniente.

Los ejercicios representan la parte más esencial del libro. Si bien la simple lectura del texto le puede resultar útil, para lograr la percepción sensible resulta fundamental el contacto con nuestra naturaleza preconceptual, y es mediante la realización de los ejercicios como podremos llegar a descubrirla. Los ejercicios incluidos en la

Primera Parte son fundamentales. Le recomiendo que lea los capítulos, uno a uno, repitiendo los ejercicios que se incluyen en cada uno de ellos, antes de pasar al capítulo siguiente. Logrará progresar más rápidamente si dedica cada día un tiempo a realizar los ejercicios. Como sucede con cualquier nueva técnica, la repetición es fundamental si se quiere llegar a dominarla.

Si le parece que no logra resultados con un determinado ejercicio después de haberlo realizado varias veces, tómese un descanso y pase al siguiente. Ya volverá más tarde al ejercicio problemático para ver si en esa ocasión resulta más válido. En todo caso siempre será conveniente repetir los primeros ejercicios. En cuanto consiga con la práctica una mayor habilidad en el desarrollo de su percepción sensorial no dejará de hacer nuevos descubrimientos.

Uno de mis discos preferidos de muchacho era uno en particular que pertenecía a la colección de humor de la Down East New England. En una de sus historias un motorista se detiene a preguntar a un lugareño la dirección de un remoto pueblo del norte de Maine. El hombre se rasca la cabeza y le dice: «Bueno, ahora continúe por esta calle unas tres manzanas más, después gire a la derecha hasta llegar a la estación de servicio, tome la carretera principal y siga por ella hasta…». El hombre se queda un poco dubitativo, y al cabo continúa: «Bueno, no, será mejor que siga por esta carretera unos diez kilómetros más hasta que vea un gran almacén a su izquierda y entonces…», de nuevo el individuo vuelve a dudar. Lo intenta por tercera vez: «En realidad, lo mejor es que siga por la ruta de la costa que suelen tomar todos los turistas y continúe recto hasta…». Finalmente, y tras una larga pausa, le dice: «Bueno, pensándolo bien, la verdad es que no va a poder llegar allí desde aquí!».

Este libro trata de esa clase de desafíos en los que «usted no puede llegar allí desde aquí». Su objetivo es proporcionarle un completo método de enfrentarse a los desafíos que se nos presentan en la vida y realizar los cambios adecuados. En mi caso he podido comprobar a lo largo de mi vida —y lo he visto también en la vida de otras personas— cuán transformadores pueden resultar estos ejercicios. Confío en que usted pueda experimentar una transformación similar a medida que vaya descubriendo los tesoros escondidos de su propia percepción sensorial.

Primera parte

Hacer amigos *en* uno mismo

1

Pasos para encontrar
la percepción sensible

En el curso de una larga carta escrita en 1817 a sus hermanos americanos, el poeta inglés John Keats mencionaba una súbita experiencia que había vivido mientras regresaba a casa del teatro con un amigo:

> ... varias cosas se engarzaron en mi mente que de pronto me sorprendieron: cuál es esa calidad que conforma al Hombre Realizado, especialmente en literatura, cualidad que Shakespeare poseía en grado sumo. Me refiero a la *Capacidad Negativa,* es decir, cuando el hombre es capaz de vivir incertidumbres, Misterios y dudas sin caer en la búsqueda irritante de hechos y razones. [1]

Este breve pasaje se ha hecho famoso a la hora de definir el concepto de la capacidad negativa. Al calificarla de «negativa», Keats no quiere decir con ello que sea indeseable. Por el contrario, tal capacidad es altamente positiva en aquellos que la poseen, Keats quiere decir que es negativa en el sentido de que se halla vacía de un contenido específico, que es insegura, poco clara. Él señala un estado mental creativo de *no saber,* un estado en el que es posible permanecer en calma y abierto sin la «búsqueda irritante de hechos y razones».

La capacidad negativa es crucial en el proceso creativo del artista. Y resulta igualmente importante en las prácticas contemplativas como la meditación y la búsqueda de la percepción sensorial. La verdadera contemplación, como algo opuesto al pensamiento discursivo convencional y a la reflexión, encierra lo que el biólogo y neurocientífico cognitivo Francisco Varela denominó una «inversión de la atención». Uno suspende su habitual flujo de pensamiento y sentimiento para dar paso a *una forma diferente de prestar atención*.

Para decirlo de forma más sencilla, el Centramiento presencial empieza creando una brecha en nuestros modelos habituales de actividad mental, física y psicológica. Esta brecha está vaciada de contenido específico, si bien no está exenta de concienciación. Es simple conciencia de sí misma, abierta y receptiva; una conciencia sin necesidad de ser consciente de cualquier objeto. Es un estado de afianzamiento, de presencia consciente.

El primer ejercicio se denomina GAP por dos motivos: el primero, porque crea un tipo particular de *gap* («brecha», en inglés) en nuestra conciencia, y en segundo lugar porque las siglas GAP quieren decir, en inglés, *grounded aware presence* (un estado de atención presencial arraigada). Nosotros vamos a traducir estas siglas por PAA: Presencia Arraigada de la Atención.

Ejercicio 1.1
Presencia Arraigada de la Atención (PAA)

Puede empezar el ejercicio estirando cómodamente las piernas, moviendo los dedos de los pies o, incluso, sacudiendo ligeramente todo el cuerpo. Después, busque una posición sentada que le resulte cómoda y limítese sencillamente a ser consciente de su cuerpo. Sea consciente, pues, de la posición adoptada, de su peso corporal y de su espacio interior.

Al cabo de un rato centre la atención en su base de apoyo, en su silla, en ese punto en el que se asienta su cuerpo. Perciba el peso de todo su cuerpo y cómo él se apoya en la tierra. Confíe en la solidez de esa tierra que está soportándolo, deje que el cuerpo se acomode debidamente y siéntase cómodo. Advierta la sencillez del hecho de estar presente corporalmente, aquí y ahora. Dígase suavemente para sus adentros la palabra *asentado*.

Seguidamente fije su atención en la zona de la cabeza. Cierre los ojos, o baje la mira. Concentre su atención en la sensación de oír. Esté atento y sensible a cualquier sonido que proceda de su entorno, especialmente a esa clase de ruidos a los que generalmente no solemos prestar atención. Puede identificar tales sonidos reconociéndolos mentalmente de forma sencilla —*el canto de pájaros, el ruido de tráfico, la vibración del frigorífico o de otro aparato casero*— pero no se esfuerce en analizarlos, en compararlos o en establecer algún tipo de pensamiento sobre ellos. Al mismo tiempo procure darse cuenta del silencio que, en cada momento, rodea todo lo que oye. Perciba el espacio que le rodea, extendiendo ese espacio más allá de las paredes de la habitación en que se encuentra y hasta donde le alcance la vista desde su posición sentada. Viva esa calidad vasta y panorámica de la atención. Diga suavemente para sí la palabra *atención*.

Ahora lleve la atención al centro de su pecho, coloque suavemente la mano sobre el corazón y experimente la calidad de esa presencia. Usted se encuentra simplemente aquí, vivo, respirando, sintiendo, experimentando su existencia básica. Eso es lo que está sucediendo en este preciso momento. Suavemente dígase la palabra *presente*.

Por último, deje que su atención abarque todo el cuerpo y repítase la frase *Presencia arraigada de la atención*. Descanse unos segundos. Después, abra los ojos poco a poco, alce la mirada y extienda su asentada atención presencial a todo el espacio que le rodea.

Además de constituir el paso preparatorio para encontrar la percepción sensorial, esta «brecha», este estado de asentada atención presencial, es un lugar al que todos podemos regresar en cualquier momento. Considérelo como el lugar básico, natural y fiable al que puede regresar en cualquier momento en el que se sienta alterado, preocupado o confuso. También puede realizar este ejercicio estando de pie. En ese caso comience fijando la atención en los pies en lugar del asiento, y fije la atención en la cabeza y en el corazón, recordando las palabras *asentado, atención, presente.*

Atención cordial

Al establecer una Presencia Arraigada de la Atención (PAA) estamos creando un espacio abierto, una clase de vacuidad positiva que puede proporcionarnos gratas experiencias. Es como si limpiáramos nuestro escritorio de los papeles y objetos allí acumulados, a fin de tener un espacio bien dispuesto para poder trabajar en él.

Una vez que lo hayamos preparado, nos será posible empezar el verdadero proceso para encontrar la percepción sensorial.

El paso siguiente es centrar, de una determinada manera, nuestra *intención y atención*. Es como si ajustáramos la resolución de un microscopio para poder examinar con mayor detenimiento un área concreta que estuviéramos interesados en estudiar. Necesitamos dedicar nuestra *intención* a una actitud de auténtica empatía; un compromiso para estar con lo que pueda surgir en nuestra experiencia, de una forma amistosa e inquisitiva. Necesitamos sintonizar nuestra *atención* de modo que permanezcamos pacientemente en un presente abierto, sin reaccionar con lo que pueda suceder, ya sea esto algo agradable, desagradable o, simplemente, neutro. Estas dos actitudes conjuntas constituyen una forma amistosa de atención que cuidaremos en el siguiente ejercicio.

Ejercicio 1.2
Atención cordial

Empiece con una breve repetición del ejercicio PAA. Concentre su atención en el asiento en que se encuentra y sienta el peso de su cuerpo. Dígase suavemente *arraigado*. Centre la atención en la cabeza, perciba el espacio que se encuentra por encima y alrededor de usted y sintonice con los sutiles sonidos del entorno; dígase suavemente *atento*. Centrando la atención en el pecho, dígase de igual forma *presente*. Perciba una sensación de ablandamiento en el corazón. Mientras hace esto puede colocar suavemente la mano derecha sobre el corazón, dejando que la base de su dedo pulgar descanse ligeramente sobre su pecho.

Ahora imagínese que está paseando solo por un bosque. De repente, siente que algo le está observando desde detrás de los árboles. Usted se da cuenta de que se trata de un cervatillo. El animal se encuentra prácticamente escondido en la floresta, pero usted puede distinguir sus húmedos ojos y sus orejas erguidas. Sabe muy bien que a cualquier movimiento que realice, el animal se alejará inmediatamente. Así que usted permanece justamente en su sitio, manteniendo una mirada tranquila y el cuerpo totalmente relajado. Está invitando al cervatillo a que siga en su sitio. Es posible que incluso al cabo de un rato el animal se le acerque un poco más y usted pueda observarlo con más detalle. Usted sabe que no puede hacer más que mantenerse sereno, tratando de mostrar al animal que sus intenciones son amistosas. Se encuentra en un estado de amigable presencia ante el cervatillo, sin pensar en ninguna otra cosa que pueda suceder. Este es el estado de atención amistosa.

También puede realizar este mismo ejercicio visualizando un conejo, un perro, un gato o un niño pequeño, lo que más le guste. La próxima vez que se encuentre con un animal asustadizo o con un niño en la vida real, pruebe a hacer lo mismo.

A medida que buscamos la percepción sensible, tendremos que enfrentarnos o nos encontraremos con algunos animales salvajes que habitan en nuestro interior y cuyo contacto no es tan fácil como el que hemos tenido con el cervatillo. Algunos de ellos se nos aparecerán amenazadores y fieros; esas sensaciones, pensamientos o sentimientos que preferiríamos rechazar o, cuando menos, dejar que se quedaran ocultos en la maleza. Pero esas «feas bestias» son las mismas criaturas a las que la mayoría de nosotros hemos de educar. Son una parte nuestra que ha permanecido escondida en nuestro interior y que lo único que está deseando es que la reconozcamos y la aceptemos. Al practicar los ejercicios de la Atención cordial estamos permitiendo que toda esa carga interior se nos muestre de forma plena. Tal vez sea este el único modo de que se libere todo aquello que ha permanecido estancado en nosotros.

Vale la pena que repitamos aquí la afirmación de Carl Rogers: «Resulta una curiosa paradoja que cuando me acepto tal como soy, entonces puedo cambiar». Podríamos añadir como corolario: Es una paradoja curiosa que cuando acepto *las cosas* tal como son, estoy en disposición de buscar nuevos caminos y hacerlo todo mejor.

Percibiendo «Algo»

Con el apoyo de la presencia afianzada y de la atención cordial ya estamos preparados para acercarnos a la propia percepción sensorial. Es importante advertir que la expresión *percepción sensorial* se viene utilizando actualmente en contextos muy diferentes —y con frecuencia de forma bastante laxa—, en los que falta la precisión con la que quería dotarla Eugene Gendlin cuando la creó. Esto es algo que puede resultar engañoso: Por un lado, *percepción sensorial* denota algo que en nuestra experiencia se muestra vago, sutil, poco claro; por otro lado, no se trata de ningún tipo de sentimiento vago que podamos tener. Es una *clase* de experiencia poco clara que encontramos cuando ponemos cierta *cualidad* de atención a una determinada *zona* de la experiencia corporal.

La atención presencial arraigada y la atención cordial son las técnicas internas que nos permiten el acceso a esta zona especial. Pero una vez que se encuentran allí esas actitudes, ¿qué están buscando exactamente? Si tenemos en cuenta que las percepciones sensibles son, por definición, poco claras y totalmente invisibles para la mayoría de la gente, la mejor respuesta, para empezar, es decir que sencillamente estamos buscando «algo».

¿Ha tenido alguna vez ocasión de ver una reproducción de «ojo mágico»? (actualmente se pueden conseguir fácilmente estas reproducciones en Internet). Al principio no se puede apreciar nada en la pantalla, excepto un revoltijo de dibujos y colores informáticos. Pero si dedica atentamente un tiempo a ese amasijo de formas y colores, lo que requiere cierta técnica, empieza a surgir en la pantalla una forma, como por arte de magia. Durante un momento le es imposible identificar qué es esa forma, pero está claro que allí hay algo. A veces esas formas se diluyen antes de que pueda identificarlas, pero en ocasiones aparece claramente un objeto tridimensional. En ese caso ya le es posible reconocer lo que está viendo; ya no se trata de algo confuso, sino de la imagen de un tren, de un canguro o de una simple galleta salada.

Buscar la percepción sensible sigue un proceso parecido: al principio usted se dedica a mirar fijamente con la mejor atención, después siente que «algo» está apareciendo de forma confusa y, finalmente —en el caso de que eso suceda— algo aparece claramente ante nuestros ojos. Evidentemente, lo que surge no será un canguro ni una galleta, sino algo que posee unas formas específicas, una textura, incluso un color o una temperatura que puede reconocerse y sentirse. Algo concreto se ha hecho presente, y usted puede sentirlo en su cuerpo. Y aunque no sepa por qué eso se encuentra allí, o de qué se trata, se da cuenta de que aquello tiene un significado.

Ejercicio 1.3
Advirtiendo «algo»

Empiece simplemente por preguntarse «¿Cómo soy?». Dígase lo que primero le venga a la mente: me siento bien, estoy cansado, soy feliz, me siento excitado...

Ahora vuelva a preguntarse: «Pero ¿cómo soy yo *realmente*?». En esta ocasión olvídese de cualquier calificativo que surja de inmediato. Por el contrario, siga preguntándose: «¿Cómo soy yo *realmente*?». Concédase un instante de silencio y deje que en su cuerpo se produzca una actitud de atención cordial y amigable.

Usted ya no está contestando a la pregunta desde su cabeza — que sería el proceso habitual—, sino buscando una respuesta a la pregunta en su propio cuerpo. Está sintiendo... algo. Tal vez ya se dé cuenta de una determinada percepción sensorial, o tal vez no; pero en cualquier caso ya se ha producido una sensación, un tanto vaga todavía, de «algo».

No se apresure. Vaya despacio y recuerde que todo cuanto podemos hacer es estar presentes de la situación, y ser un amistoso testigo de lo que pueda suceder, incluso cuando nada suceda. Al principio, sobre todo, las percepciones sensoriales suelen mostrarse muy tímidamente. Del mismo modo que el cervatillo en el bosque, no están acostumbradas a que las vean, y necesitan tiempo para sentirse a salvo cuando se muestran. Cuando usted advierta una percepción sensorial, o algo que pueda considerar como tal, limítese a aceptarla de la mejor manera y a estar con ella, sin buscar ninguna otra cosa. Al cabo de un momento pregúntese de nuevo «¿Cómo soy realmente?», y advierta si la percepción sensible se altera, se hace más clara o desaparece.

En cualquier momento de este proceso puede experimentar una percepción distinta, algo que le resulte inesperado o que se produzca a un nivel más profundo de cuanto ha conocido anteriormente. Tales percepciones le llegarán con un soplo de frescura, con un *¡Oh!*, un *¡Ah!*, o un *¡Ahora ya lo veo!* Pueden surgir palabras que den sentido a esa fresca intuición. En ese punto tales palabras pueden ser muy útiles, y es probable que usted tome buena nota mental de ellas, pero hágalo de un modo sencillo. No intente entregarse a una larga cadena de pensamientos ni de interpretaciones sobre esa nueva percepción, como bien pudiera suceder.

Intente realizar de nuevo este ejercicio empleando distintas maneras de formular la pregunta. En lugar de «¿Cómo soy yo?» puede preguntarse: «¿Cómo me siento en este momento?», o bien, «¿Qué es lo que siente *(diga su nombre)* en este momento?». Una ligera variante de estas preguntas, que puede resultar muy acertada, sería: «¿Qué es lo más importante para mí ahora?». Esta última puede encerrar una pequeña triquiñuela, dado que es probable que la mente busque una respuesta más bien familiar; pero si logra mantenerse en una actitud no conceptual es muy posible que reciba una nueva información.

Tanto si en ese momento se producen nuevas percepciones internas, como si no, lo importante es que usted se mantenga en contacto con su percepción sensorial. También es importante tener en cuenta que todos los seres humanos somos diferentes. Así pues, algunas personas encontrarán su percepción sensorial de forma rápida y la reconocerán como algo familiar, mientras que otras necesitarán cierto tiempo y la repetición del intento. Durante un momento tal vez se sienta un tanto inseguro de si lo que está experimentando en su cuerpo es realmente una percepción sensible, una sensación física o algún tipo de fenómeno imaginario. No se preocupe por ello y siga practicando e interiorizándose benévolamente. Las cosas surgirán a su debido momento.

En los dos próximos capítulos practicaremos otras tres maneras distintas de acceder a la percepción sensorial.

2

Las puertas
de la percepción sensible

L AS percepciones sensibles resultan paradójicas. En cierto modo siempre están ahí, pero dado que raramente nos damos cuenta de ellas, *no* están ahí. Cuando, al principio, prestamos atención al cuerpo y pretendemos sentir «algo», quizá no percibamos nada. O también es posible que sintamos que algo está presente en nuestra percepción corporal, pero es una sensación que nos resulta vaga, sutil, oscura. Al intentar conocer la percepción sensorial, tenemos que aprender a diferenciarla de otras formas experimentales más comunes: sensaciones físicas, pensamientos y emociones. La buena noticia es que cada una de estas formas puede constituir una puerta para acceder a la percepción sensorial.

En este capítulo y en el próximo trataremos de acercarnos a las percepciones sensibles a través de las tres puertas del cuerpo, la mente y las emociones, empezando por el cuerpo.

La puerta corporal

Cuando tropezamos o tocamos una estufa o la plancha caliente de un hornillo, experimentamos una inmediata y aguda sensación de dolor. Comparadas con la percepción sensible, este tipo de experiencias son simplemente sensaciones físicas. Tienen que ver sencillamente con la sensación experimentada al tocar con los dedos una superficie muy caliente. Ejemplos todavía menos dramáticos podrían ser un picor, un dolor muscular o una molestia gástrica. Evidentemente, también podemos tener sensaciones físicas agradables —el bienestar proporcionado por una buena comida, o el contacto físico con un amigo o una persona querida—, o también puede tratarse de sensaciones neutras. Pero todas ellas son respuestas a un determinado acontecimiento o a un estímulo específico. Generalmente, sabemos con precisión qué es lo que nos está produciendo una determinada sensación.

Las percepciones sensibles son algo diferente. No parecen constituir simples respuestas a determinados estímulos físicos. Más que poseer causas físicas están vinculadas a situaciones, actividades y relaciones. En este sentido son más parecidas a los sentimientos, si bien difieren de las emociones ordinarias. En el siguiente ejercicio vamos a diferenciar entre las sensaciones físicas y lo que denominamos «percepciones sensoriales».

Ejercicio 2.1
De la sensación física a la percepción sensible

Fije la atención en su cuerpo. Empiece por darse cuenta de las sensaciones físicas experimentadas cuando su cuerpo está en contacto con la tierra: la sensación que experimenta al mantener su torso contra el respaldo de la silla, los pies sobre el suelo y la mano descansando sobre la mesa. Tómese un momento para darse plena cuenta de la situación que está viviendo. Advierta también qué parte del cuerpo está en contacto con otra.

Ahora preste atención a todo el cuerpo y fíjese en qué tipo de sensaciones físicas está experimentando: dolores, picores, o zonas en las que hay tensión o agarrotamiento. Incluya en su observación sensaciones positivas, negativas y neutras. Tómese su tiempo para experimentar de forma clara cada una de ellas.

Ahora, y de forma gradual, ponga la atención en el interior de su torso, la zona corporal que se extiende desde el cuello hasta la cintura. En primer lugar vuelva a comprobar si existe algún tipo de sensaciones físicas en esa zona. Después, afine su atención y trate de percibir si también existen sensaciones menos específicas y evidentes. Tal vez no se trate de algo físico, pero que, sin embargo, se halla presente de alguna manera perceptible en el interior de su cuerpo. Puede haber alguna característica tangible, como una cierta sensación corporal, una localización o una forma detectable físicamente. Podría tratarse también de un punto tenso que percibe en el pecho, una especie de nerviosismo en el vientre o una vaga sensación en la zona cardiaca. Pero hay que tener presente que las percepciones sensoriales presentan una infinita variedad de formas y puede resultar difícil describirlas todas con palabras.

Si usted no logra encontrar ninguno de estos síntomas o no sabe identificarlos, no se preocupe por ello. Lo que en este momento tiene mayor importancia es la actitud de sensibilidad corporal que pueda existir, esa clase de atención cordial que prestamos al cuerpo. Si llega a sentirse algo confuso, frustrado o impaciente, compruebe si hay alguna sensación corporal en su interior que pueda acompañar tal sentimiento.

El propósito de este ejercicio no es el de establecer una distinción demasiado sutil entre las sensaciones físicas y la percepción sensible. Por lo general, ambas van juntas. Pero el punto importante que tratamos de ver aquí es aprender a llevar la atención de las sensaciones físicas directas, a aquellas otras más intangibles y elusivas de la percepción sensorial.

La puerta de la mente

La mayoría de nosotros, durante gran parte de nuestras horas de vigilia, estamos inmersos en pensamientos. Tanto si los manifestamos verbalmente como si lo hacemos en silencio y para nosotros mismos, el flujo de palabras, ideas e imágenes es incesante. Y si alberga usted alguna duda sobre lo que estamos diciendo, cierre por un momento los ojos y trate de mantener la mente en silencio, sin ningún tipo de pensamiento. Es muy probable que le resulte imposible dejar que la mente esté acallada durante unos pocos segundos, al cabo de los cuales surgirán inevitablemente en su conciencia pensamientos, recuerdos e imágenes. Esta es la naturaleza de la mente conceptual: siempre está funcionando como una emisora de radio que no se puede apagar.

Al trabajar con la percepción sensible, es necesario que contrarrestemos esa manera en la que, por lo general, el pensamiento conceptual domina nuestra mente despierta. Hemos de aprender a dejar a un lado el proceso discursivo de nuestros pensamientos, a fin de poder penetrar en el espacio no conceptual de la experiencia directa. La línea argumental de los pensamientos constituye la narración interna *que se refiere* a nuestras experiencias vitales y nos ayuda a darles sentido, permitiendo que las compartamos con otras personas, dos puntos que son muy importantes. Pero todo ello es una interpretación de la experiencia, más que la experiencia en sí misma.

Es este un punto sutil: la mayor parte de nuestro tiempo transcurre sin que diferenciemos la experiencia directa de nuestra interpretación de esa experiencia. Pero existe en esto una crucial diferencia. Al igual que sucede con la historia del dedo que está señalando la luna, nuestra interpretación señala *hacia* la experiencia, pero si lo tomamos como algo que constituye toda la verdad perderemos la conexión con nuestra experiencia real y vivida, y podemos terminar por equivocarnos. Para contactar directamente con la experiencia necesitamos liberarnos de la interpretación, y sentir cómo está viviendo realmente nuestro cuerpo las situaciones vitales que se le presentan.

En el siguiente ejercicio trataremos de dejar a un lado deliberadamente el contenido del relato.

Ejercicio 2.2
Dejando a un lado el proceso discursivo

Concentre la atención y fíjela en el cuerpo. Dedique un momento a constatar cualquier percepción sensorial que esté presente y que le resulte poco clara, procurando no entregarse a pensamientos discursivos sobre ella. Al cabo de un rato, busque un tema en el que pensar. Puede tratarse de un acontecimiento reciente, del tema de una relación personal, de un problema laboral o de algo que esté en ciernes.

Ahora vuelva a pensar en el tema escogido del modo en el que suele hacerlo: recordando lo que sucedió, rumiándolo, pensando en el futuro, etc. (el término *discursivo* quiere decir literalmente «prolongarlo verbalmente»). Al cabo de un par de minutos, olvídese de todo ese proceso mental y fije la atención en su torso. Ha abandonado el relato, la descripción en palabras e imágenes del tema sobre el que estaba pensando, y ahora centra la atención en cómo siente su cuerpo esas cosas.

Si le resulta difícil pasar del pensamiento discursivo a la sensación corporal, procure cambiar el centro de atención del tema tratado y fijarlo en la respiración, notando cómo la está viviendo al inspirar el aire hacia el pecho y el abdomen, y al expulsarlo. Una vez que haya pasado del pensamiento discursivo a centrarse en este momento de la respiración, también puede relajarse dejando de fijarse en ella y observando cómo se siente su cuerpo. Recuerde: usted está viviendo de una forma no verbal lo que experimenta en este momento su cuerpo. Si advierte «algo», procure vivirlo sin dotarlo de pensamientos ni palabras.

Si surgen pensamientos reconózcalos como tales y déjelos ir, centrando de nuevo y de forma suave la atención en la percepción sensorial. Tras dedicar a esta algún tiempo, compruebe si existe otra en algún punto diferente de su cuerpo y cuáles son sus características (forma, energía, textura, etc.).

Cuando usted deja a un lado el proceso discursivo y busca la percepción sensible, en algunas ocasiones sabrá de forma intuitiva que existe una conexión entre ambos. Otras veces tal vez no surja esa vinculación. En el capítulo 5 investigaremos detalladamente la manera de encontrar la percepción sensible *sobre* un determinado tema. De momento no tiene demasiada importancia si lo que usted encuentra tiene, o no, vinculación con el tema de su proceso discursivo.

Dejando aquel a un lado, lo más importante es la capacidad que se pueda tener para cambiar el tránsito del proceso lógico a la percepción sensible. En determinadas ocasiones cuando uno se dedica a trabajos sencillos como puede ser el pasarse todo el día trabajando en un jardín o arando un campo —y a pesar de lo duro que pueda resultar ese trabajo—, en cuanto usted deja el arado, la pala o el azadón, se da cuenta de que durante el tiempo que dedicó a esa labor su mente no se vio asaltada por un acúmulo de pensamientos. Durante esas horas se produjo un estado de relajación mental en el que sus pensamientos se mantuvieron alejados como nubes que se dispersan, y usted pudo disfrutar de ese momento laborioso en el que en su cabeza brillaba un delicioso cielo azul.

Pero en estos días casi toda nuestra vida se encuentra inmersa en *pensamientos:* planeando lo que hemos de hacer, entregándonos a diversas actividades, relacionándonos con los demás, revisando la abundante información que se nos proporciona o, incluso, soñando y especulando. Así pues, una de las capacidades más esenciales que podemos desarrollar es la de detener el proceso de la mente discursiva y vivir el mundo —tanto el interior como el exterior— de una manera directa, a través de nuestros propios sentidos.

Teniendo en cuenta que nuestras mentes se hallan tan sumamente centradas en los pensamientos, no es cosa fácil cambiar esa continua cháchara mental a la que estamos acostumbrados. Es algo parecido a la dificultad que implica modificar la utilización de la mano derecha por la izquierda (o al revés si uno es zurdo). Al principio tendrá que dominar el impulso de actuar con la mano dominante; después deberá adiestrar la mano no dominante para que realice tareas tan sencillas como cepillarse los dientes o escribir, cosa a la que esa mano no está acostumbrada. Habrá de tener paciencia para repetir los ejercicios hasta que esa mano se vaya acostumbrando a realizarlos, olvidándose de su hábito anterior, y aun así habrá momentos en que tal práctica no le resultará fácil. Habrá de ser paciente y amable consigo mismo, porque el hecho de sentirse frustrado o desanimado es contraproducente.

El *mindfulness,* que en realidad es un tipo de entrenamiento básico para liberarse del pensamiento discursivo, puede representar una ayuda para la percepción sensible. Dejar de lado nuestros guiones mentales, crear un hueco en la mente discursiva, detener la actividad del pensamiento —o como queramos llamarla— es un proceso de autoeducación. Es la disciplina necesaria para poder familiarizarse con ese espacio abierto y no conceptual que hay dentro de nosotros y al que siempre podemos acceder, una vez que sepamos cómo hallarlo y permanecer en él. Mi maestro budista Chögyam Trungpa Rinpoche solía hablar del «volver a la cuadrícula cero». Esa cuadrícula cero es el espacio interior que se encuentra vacía de todo contenido específico y, sin embargo, llena de nuevas posibilidades. Se trata de una «plena vacuidad» que nos proporciona una base, un lugar al que siempre podemos volver cuando nos sentimos descentrados. Descansemos entonces por un momento y, después, empecemos nuevamente con espíritu renovado.

3

El sentimiento
bajo el sentimiento

DE las tres puertas mentales que hay en nosotros, la tercera —la emoción— es la que presenta un mayor desafío. Esto se debe a que, por lo general, los sentimientos y las emociones son los movimientos internos más difíciles de diferenciar de las percepciones sensibles. Como su mismo nombre indica, una percepción sensible incluye cierta clase de sentimiento que solemos asociar con términos emotivos como *enfadado, triste o feliz*. Comprender la diferencia existente entre estos estados es la llave del éxito para descubrir y aprender desde un estado de percepción sensible.

Las emociones ordinarias representan una mezcla de experiencias físicas, mentales y afectivas (sensibles). Cuando uno se siente enojado se producen cambios físicos, como un aumento de la tensión muscular o una sensación de calor. Hay un proceso mental que justifica el que uno esté enojado; y existe una percepción sensible de la que uno no es consciente. Como veremos, una vez que se reconoce una percepción sensible puede «sentirse» de modo muy diferente de la emoción experimentada en un principio. Se produce a otro nivel más sutil. Una percepción sensible es el sentimiento que subyace al sentimiento.

Pongamos un ejemplo: Mientras estoy sentado en mi escritorio mi perra Luna empieza a lanzar fuertes ladridos hacia la puerta de entrada. Un hombre está dejando un paquete en el porche. Siento un brote de enfado hacia la perra y le empiezo a gritar: «¡Luna, cállate, ven aquí, túmbate!». Pero si reviso mi enojo y compruebo lo que está pasando en mi cuerpo, observo una sensación de opresión y dolor en el pecho. He aquí una percepción sensible. Otorgando a ese espacio de dolor un poco de atención amistosa discierno una sensación de vulnerabilidad y una necesidad de autoprotección. Me encontraba concentrado intensamente en lo que estaba escribiendo, y el ladrido de la perra representó una amenaza al interrumpir el flujo de mis pensamientos.

Lo que acabo de advertir puede resultar evidente: me he sentido interrumpido en mi trabajo y eso me alteró. Pero hay algo más. Ahora soy lo suficientemente consciente como para preguntarme si las voces que le di a la perra son una respuesta acertada: ¿Sirvieron para impedir que me sintiera interrumpido, o es ese mismo hecho el que contribuyó a la interrupción? ¿Es esa la forma que necesito para comportarme con mi perra? *Trataba* mi encantadora y fiel Luna interrumpirme o, simplemente estaba cumpliendo con su deber canino? Ahora dispongo de unos mecanismos más apropiados para contestarme que muy bien hubiera podido escoger seguir centrado en mi trabajo, sabiendo que el ladrido de la perra duraría poco, como normalmente suele suceder. Podría hacer caso al animal e ir a la puerta, hacerle ver que no había ningún peligro en el porche y, de paso, recoger el paquete que me traía el cartero.

Pero todavía hay más. En primer lugar, puedo preguntarme por qué ha sido tan violenta mi reacción ante esta pequeña interrupción. Si presto la debida atención a la percepción sensible, me doy cuenta de que esa molesta sensación corporal que tuve en el pecho se debía al temor de que los ladridos me impidieran seguir con el ritmo de mi trabajo, y que ya no me sería posible recuperarlo. Me sentía «perdido». Y ahora me viene a la mente el recuerdo, la sensación de sentirme perdido en el bosque; algo que me sucedió un par de veces cuando era niño. Al hacer esta reflexión interna, puedo tranquilizar aquella parte infantil que todavía queda en mi interior porque, evidentemente, el sentirse perdido en la espesura y no saber cómo regresar a casa es una terrible experiencia cuando se tienen seis años.

Ahora soy capaz de discernir que la emoción que surgió en esta ocasión al oír los ladridos de mi perra tenía mucho más que ver con aquel viejo temor que con la situación presente. Por supuesto que el verse interrumpido en el trabajo resulta molesto, pero ¿realmente he perdido con ese pequeño incidente mi línea de trabajo? Por supuesto que no: mi preparación actual y mi capacidad profesional saben perfectamente que puedo continuar el trabajo en el punto en el que lo interrumpí. Incluso puedo reconocer que después de una inesperada interrupción como esa, es muy probable que pueda tener un brote de inspiración que seguramente no hubiera tenido si Luna no me hubiera sorprendido con sus ladridos.

Este episodio, aparentemente insignificante, ilustra la diferencia existente entre una emoción (ira súbita) y lo que la subyacente percepción sensible puede revelar (miedo a sentirse perdido). También ilustra claramente la serie de pequeños pasos que se dan en un primer descubrimiento de la percepción sensible y de la útil información que, posteriormente, se puede extraer de ella. En el capítulo 5 usted podrá reconocer todo este proceso revisando un episodio de su propia vida.

En el próximo ejercicio vamos a dar el paso crucial de investigar «por debajo» una determinada emoción, a fin de descubrir en ella una percepción sensible.

Ejercicio 3.1
El sentimiento bajo el sentimiento

Empiece con los tres pasos del método GAP. Después, como se ha visto en el ejercicio anterior, piense en alguna situación que haya podido tener en el pasado. En esta ocasión escoja un caso que posea una carga emocional para usted; una buena forma de empezar es buscar una situación que le provoque enfado.

No obstante, es necesario tomar aquí una precaución: Si bien va a escoger usted una situación que le produce enfado, conviene que este no sea tan intenso que pueda sobrepasarle. Si la emoción sentida es demasiado fuerte, no le será posible distanciarse de ella para investigar la percepción sensible que subyace. Si usted es propenso a sentirse dominado por emociones fuertes, en lugar de buscar una situación que le provoque ira, trate de empezar con algo menos intenso; pruebe con una situación que simplemente le cause cierta irritación, molestia o frustración.

Reviva esa situación en su mente. Al mismo tiempo esté atento a cualquier cambio físico —agitación, acaloramiento o cualquier tipo de sensaciones que disparen o hundan su ánimo— que constituya la presencia de esa emoción. Dependiendo de si usted es —o no— persona fácilmente emocionable, puede sentir la influencia de esas emociones de forma corporal, si bien no de una manera que le sobrepase. En cuanto la emoción se haya hecho claramente presente, tómese su tiempo para observar en dónde, y en qué grado, ella afecta a su cuerpo.

Seguidamente trate de experimentar corporalmente la situación de forma más sutil. Para hacer esto debe hacer dos cosas: marginar la circunstancia vivida, y dejar a un lado la emoción que la provoca. Ha de hacer esto manteniéndose a cierta distancia del hecho evocado; es decir, lo bastante alejado para no verse atrapado en la emoción, pero no demasiado lejos para no poder vivirla. En definitiva, trate de ver si le es posible encontrar una zona que se mantenga por debajo de la emoción. Lo que aquí resulta más importante es su voluntad para sentir lo más profundamente posible, pero siempre a través de una atención suave y no reactiva. Al cabo de un rato puede surgir una percepción sensible. Tal percepción puede manifestar sus propias características corporales, como una tirantez, un calor o como «una pequeña bola en el vientre»; pero tal sensación corporal siempre resultará más tenue que la crispación mandibular, las palpitaciones o la opresión respiratoria. La percepción sensible también puede adoptar cierto cariz emocional, como una sensación de miedo, de tristeza o de vulnerabilidad que, sin embargo, es completamente distinta de la emoción que usted sintió en un principio*.

---

* «El sentimiento bajo el sentimiento» no siempre es diferente de la emoción original: algunas veces este proceso se parece más a permanecer con las características de la emoción original —miedo, por ejemplo—, lo que permite la aparición de más facetas y matices.

El acceder a las percepciones sensibles que subyacen a las emociones primarias causadas por acontecimientos de nuestra vida incluye un proceso de desidentificación. Cuando nos encontramos en medio de una emoción, nos identificamos con ella. En lugar de ser nosotros quienes tenemos la emoción, es la emoción la que *nos tiene a nosotros*. Hay ocasiones en las que el estar completamente inmersos en una emoción es lo que queremos vivir; pero también sabemos que las emociones fuertes afectan a nuestra percepción de la realidad y a nuestro propio juicio. Decimos y hacemos cosas que, posteriormente, no hubiéramos querido hacer, o haberlas hecho de manera diferente. El saber cómo hemos de hacer para desidentificarnos, para establecer un determinado espacio entre nosotros y la emoción, es toda una habilidad mental necesaria para lograr un permanente bienestar.

Podemos representar el proceso de la des-identificación como si estuviéramos distanciándonos de la emoción, dejando que la emoción esté fuera de nosotros, elevándonos por encima de ella, haciéndonos más fuertes que ella o, simplemente, encerrándola en una caja. Todas estas expresiones son metáforas que sirven para establecer el cambio de perspectiva que encierra el proceso de desidentificarse. Piense en cuál de ellas encaja mejor con usted, o bien consulte con su percepción sensible y trate de encontrar la que más le conviene.

Es muy útil practicar repetidamente los ejercicios que se especifican en los capítulos 2 y 3. Puede hacerlos en una sola sesión o de forma sucesiva. Es conveniente que invierta más tiempo en aquellos ejercicios que parecen irle mejor. Puede tomarse un descanso y dejar de hacer durante algún tiempo aquel ejercicio que le parezca más confuso, frustrante o simplemente poco útil, pero vuelva a hacerlo al cabo de unos cuantos días, o incluso semanas. Es posible que en ese tiempo algo haya cambiado en usted que le pueda proporcionar mejores resultados en esa nueva ocasión.

4

Cuidando
las percepciones sensibles

Q UISIERA empezar este capítulo haciendo una pausa para preguntar: «¿Cómo está marchando esto?». Imagínese por un
momento que me encuentro a su lado, y que quisiera verificar qué
le parecen las instrucciones que se le han ofrecido hasta ahora en
este libro. ¿Qué me contestaría? Trate de responder anotando su
respuesta con una o dos frases.

Ahora hágase la misma pregunta, interrogándose sobre cuál es
el efecto que ha tenido en usted todo lo que ha leído hasta el momento, y trate de profundizar en ello.

Ejercicio 4.1
«¿Cómo marcha esto?»

Tómese todo el tiempo que necesite para penetrar en la zona
de su percepción sensible.

Cuando esté preparado, pregúntese: «¿Cómo me va hasta ahora
la experiencia de leer este libro y de poner en práctica la percepción sensible?». Haga una pausa y deje que sea la misma percepción
sensible la que le dé la respuesta. Sea esta la que fuere acéptela

gustosamente y advierta los resultados que puedan producirse en su cuerpo con tal respuesta. Limítese a vivir ese estado de presencia.

Ahora, dedique algo más de tiempo a recordar qué efecto han tenido en su mente las experiencias que se han mencionado hasta ahora. Puede empezar pensando en las circunstancias que le han empujado a la lectura de este libro, y recordando lo que imaginaba que podría sacar de su lectura. Recuerde también las primeras impresiones que tuvo cuando empezó a leerlo. ¿Qué experiencias ha tenido al realizar los ejercicios? ¿Qué clase de introspecciones se produjeron? ¿Cuáles fueron los obstáculos que surgieron? ¿Cuáles de sus necesidades se han visto satisfechas, y cuáles no? ¿Adónde piensa que le puede llevar todo esto? ¿Qué otras cosas cree que podrían surgir con estas experiencias?

Ahora que ya ha evaluado la respuesta que haya podido tener en usted la lectura de este libro, pregúntese qué le parece la idea de seguir leyéndolo. Compruebe cualquier sentimiento de duda, de incomodidad o de confusión que le haya podido producir la lectura de estas páginas, y también si sigue interesado en seguir adelante.

Por último, imagínese que sigo estando a su lado y que le pregunto qué le parece todo esto, y cuál es la experiencia que ha vivido al leer los ejercicios que se incluyen. ¿Qué podría decirme al respecto? Anote la respuesta y compárela con la primera anotación que hizo. ¿Ha surgido una nueva y sincera comprensión del asunto?

El Centramiento Presencial no está pensado exclusivamente para solucionar problemas. Constituye también una técnica magnífica para contemplar nuestras experiencias vitales, para estudiarlas en profundidad y para conseguir nuevas percepciones internas. Dicho esto, ¿está usted dispuesto a seguir adelante? Recuerde que en cualquier momento puede volver a los primeros ejercicios. El aprendizaje es un proceso interactivo, y no es necesario, ni siquiera posible, comprenderlo todo perfectamente al momento.

En los capítulos 2 y 3 hemos aprendido a diferenciar las percepciones sensibles de las sensaciones físicas, de los pensamientos y de las emociones. También aprendimos a utilizar cada una de ellas como puertas o escalones que nos conducen a la percepción sensible. Y si hasta ahora la diferencia existente entre la percepción sensible y otras formas de experiencia no ha quedado todavía suficientemente clara, el problema se resolverá en los próximos ejercicios.

Al iniciar una sesión práctica, hay tres formas elementales para evocar la percepción sensible a las que deberemos dedicar cierto tiempo. Podemos empezar por darnos cuenta de lo que aún conservan las percepciones sensibles de nuestro cuerpo. O también podemos preguntarnos qué requiere en ese momento nuestra atención. Una tercera vía es empezar utilizando la percepción sensible para conocer un determinado tema o una situación concreta. En este capítulo, y en el siguiente, vamos a familiarizarnos con cada una de estas cuestiones.

Ejercicio 4.2
Darse cuenta de lo que el cuerpo retiene

Tómese un tiempo para entrar en su cuerpo. A través de los pasos de la técnica PAA colóquese en un estado de atención bien afianzada. Después, lleve esa atención a la respiración. Dese cuenta de esa sensación del aire que entra y sale de los pulmones. Fíjese en las sensaciones que experimenta su pecho y su abdomen al expandirse y contraerse, desde el cuello hasta su bajo vientre. Ahora concéntrese en la sensación que produce la respiración en todo el espacio corporal en que tiene lugar. Descanse un momento en ese punto con una actitud de suave atención. Mediante la percepción sensible fíjese en lo que pueda estar sucediendo en ese espacio corporal.

Aunque al principio no advierta nada, continúe un rato en ese estado de atención. Cuando note que se está produciendo una sensación poco clara, déjela que siga ahí durante un rato. Vívala. Explore y acepte la calidad de sus percepciones, su forma, textura, movimiento, color y temperatura. Agradezca su presencia y trate de reconocerlas. Si nota que se está perdiendo en pensamientos o fantasías, vuelva a traer la atención a lo que está sucediendo en su cuerpo, aunque no tenga de ello una percepción muy clara.

Cuando fija la atención en su interior e intenta darse cuenta de una percepción sensible, es posible que descubra algo: un problema, una necesidad o algo que su cuerpo está reteniendo. Eso es bueno, porque cualquier cosa puede constituir un peldaño hacia la percepción sensible. Sin embargo, es necesario resistirse a la tentación de pensar del modo habitual en la situación que se está viviendo. En vez de eso limítese a mencionar el tema de la manera más sencilla; como, por ejemplo, «mi plan de trabajo», «lo que sucedió entre Mary y yo», o «dónde pasar el Día de Acción de Gracias».

Un buen truco que se puede utilizar es añadir al tema tratado la frase *todo sobre*. Esto impide el impulso a entrar en más detalles. Por ejemplo: «Todo sobre Mary y yo», cubre completamente la situación. En cuanto simplifique el tema de este modo observe lo que le indica la percepción sensible en su cuerpo. Y aunque esa percepción sea muy vaga o efímera, quédese con ella. Si los detalles de la situación escogida entran en juego no los tome en consideración y céntrese en la percepción sensible.

Por ejemplo, supongamos que tengo que hacer la presentación de un tema dentro de unas horas y me siento un poco nervioso por ello. Me diré entonces: «Todo sobre mi presentación», mencionando el tema pero sin entrar en detalles. Al cabo de unos cuantos segundos me doy cuenta de que siento una sutil opresión en el pecho y en los hombros. Trato de que esa sensación se haga más palpable; y de forma serena me fundo con ella, adoptando una actitud amigable. A partir de ese momento pueden suceder varias cosas; es posible que la opresión se haga más intensa, que pueda desaparecer, o bien que quizá surja, bajo la primera, otra percepción sensible más profunda.

Una segunda forma de iniciarse con la percepción sensible es la de formularse una pregunta: «¿Qué es lo que ahora requiere mi atención?». Una vez formulada esa pregunta es importante que prestemos atención a lo que nos sucede corporalmente, pero sin establecer procesos mentales. De ese modo es posible que comprobemos que se trata de un problema, de una emoción o de una percepción sensible. En todo caso no tiene importancia el tiempo que pueda tardar en producirse esa respuesta en nuestro cuerpo.

Ejercicio 4.3
«¿Qué requiere ahora mi atención?»

Tómese el tiempo que necesite para fijar la atención en su cuerpo. Pregúntese después tranquilamente qué es lo que en este momento requiere su atención. Si obtiene una respuesta rápida compruebe si la sensación corporal confirma que eso, precisamente, es lo que necesita una atención más urgente, o si existe algo todavía más profundo o menos evidente. Si no obtiene una rápida respuesta, espere un rato para comprobar si hay algo que «burbujea» en su interior. Si se presenta más de una respuesta a su pregunta —es posible que tenga varios temas que requieran su atención en ese momento— deje que sea su cuerpo el que decida cuál de ellos necesita ser atendido. Si de lo que se trata es de un problema que requiere una solución, en lugar de buscarla rápidamente, observe si es capaz de tener una percepción sensible de toda la situación en general. ¿Cómo se encuentra su cuerpo?

En los próximos capítulos investigaremos cómo establecer ese diálogo con la percepción sensible para lograr una clara visión interior, solucionar problemas, tomar decisiones y dar los pasos adecuados. Pero antes de hacer esto es esencial que tengamos que familiarizarnos con esa percepción sensible, limitándonos a centrarnos en lo que nos está sucediendo en este preciso momento (y evitando esa actitud que Keats llamaba «la búsqueda irritante de hechos y razones»). Esta es la fase de observación, de aceptar amistosamente la percepción sensible, sin preocuparnos por hacer otra cosa más que la de estar presente.

En el capítulo siguiente estudiaremos la tercera de las formas de acceder a la percepción sensible, empezando por tratar problemas concretos, o retos, que ya tenemos en mente.

5

Trabajando las situaciones

L AS dos técnicas que hemos presentando en los capítulos ante-riores para comprobar nuestra percepción sensible, es decir, la de fijar la atención en la zona del torso para comprobar cuáles son la sensaciones que retiene nuestro cuerpo, y el preguntarnos qué es lo que en ese momento requierc nuestra atención, pueden llevarnos a importantes introspecciones capaces de modificar el curso de nuestra vida.

Dicho de otro modo: encontrar la percepción sensible es un medio poderoso y completamente diferente de encararnos con los diferentes retos que nos presenta la vida. Con frecuencia se trata de una situación —un problema, una emoción, una decisión, un proyecto laboral, un tema de índole personal o afectiva— que nos impulsa a una rápida percepción sensible. En cuanto nos hayamos familiarizado con el proceso, la percepción sensible puede produ-cirse en un minuto, incluso en menos tiempo. Esto significa que con frecuencia es posible aplicarla en el momento en que se está pro-duciendo la situación. Pero si se quiere adquirir una mayor con-fianza en este tipo de percepción será necesario que le dediquemos más tiempo y que la practiquemos de forma ininterrumpida.

La clave para trabajar con una determinada situación mediante la percepción sensible es que dejemos a un lado el contexto de la situación y prestemos toda nuestra atención a la sensación corporal. Sin embargo, al decir que debemos dejar a un lado ese contexto, no estamos proponiendo que nos desentendamos enteramente de esa situación que queremos trabajar. Aunque prescindamos de los detalles, de la emoción que nos produce, o de la idea que podamos tener sobre ella, es necesario que no releguemos su esencia. La situación ha de mantenerse presente físicamente aunque hayamos prescindido de los detalles que la rodean.

Así pues, se produce aquí una especie de paradoja: liberarse de cierta carga de la situación, pero sin que al mismo tiempo nos liberemos de ella por completo. Es algo parecido a lo que sucede entre dos personas que mantienen una conversación importante, y ambas guardan un momento de silencio para vivir lo que están hablando con mayor atención. Eugene Gendlin denomina a este proceso paradójico «sostener y dejar».

Mencionamos seguidamente un párrafo de su obra más importante, *A Process Model* en la que se refiere a este proceso empleando la expresión «referente directo» en lugar de percepción sensible:

> En la formación del referente directo uno conserva la situación y, al mismo tiempo, deja que cambie. Se da cuenta de su importancia *manteniéndola* en sí y reconociendo su identidad. Se trata de *esta* situación (y de todo cuanto la rodea) que yo quiero vivir en su totalidad. Soy consciente de su trascendencia, «la sujeto» en mí. Pero, al mismo tiempo, también espero que se produzca una nueva clase de sentimiento, de esa percepción sensible de toda ella. No puedo hacer otra cosa que *dejar* que se produzca, que venga a mí. Y al permitir que eso suceda, mi percepción corporal se amplía, se

mueve, hace lo que haya que hacer independientemente de mi control, mientras que yo empleo precisamente ese control para vivir la situación [1].

«Sostener y dejar» es la esencia de la técnica del Centramiento de Gendlin; es decir, encontrar la percepción sensible. Constituye, en definitiva, el centro dinámico de la atención. En realidad, es la estructura de toda práctica contemplativa.

En posteriores capítulos hablaremos más extensamente del contenido teórico y filosófico que subyace en la técnica del Centramiento presencial. De momento digamos tan solo que el objetivo primordial de este libro es el que usted aprenda a cuidar su experiencia directa y personal.

Ejercicio 5.1
Comenzando con la situación

Elija una situación con la que vaya a trabajar; algo que está vivo ahora en usted. Después déjala ir, al tiempo que se toma todo el tiempo que sea necesario para adquirir una presencia de atención afianzada. Deje, más tarde, que la situación escogida vuelva a estar presente de nuevo en su atención. Piense en los diferentes detalles que enmarcan tal situación, reviviéndolos de forma que todo el relato se vuelva vívido y presente; mientras tanto, esté atento a lo que está sucediendo en su cuerpo. Cuando tenga perfectamente clara en su mente la situación, el problema o el desafío al que se enfrenta, deje a un lado los pormenores que lo envuelven y dese cuenta de lo que su percepción sensible le está diciendo a su cuerpo. Si no se produce dicha percepción al cabo de un rato, o desaparece por completo, puede volver a retomar el argumento de la situación y repetir el proceso.

Algunas veces la percepción sensible le alejará del tema escogido, llevándole en ocasiones a una situación completamente distinta. Cuando eso suceda, siga atento a su percepción sensible. Recuerde que esta se está refiriendo a lo que vive en el momento presente. Uno de los motivos por los que nos sentimos estancados cuando intentamos darnos cuenta de algo es que siempre hay alguna otra cosa, tal vez a un nivel más profundo, que reclama nuestra atención antes de que podamos dedicarnos a lo que estábamos pretendiendo.

Tampoco resulta inusual que cuando intentamos contactar con la percepción sensible de una situación compleja nos encontremos con que aquella percepción *trata de ocultarnos la verdadera situación que estamos viviendo.* Sucede algo parecido a lo que hace el organismo cuando quiere proteger los tejidos que rodean una herida, endureciéndolos para evitar un posible roce doloroso. En este caso es importante que nos fijemos en esa parte que está intentando proteger la percepción. Puede manifestarse con una sensación de dureza, tirantez, calor o sensibilidad. Si nos fijamos, sin tensión, en lo que nos está pasando esa protección desaparecerá. Y cuando hayamos mirado serenamente lo que está pasando surgirá si tapujos la percepción sensible de la situación que deseábamos examinar en un principio.

A veces la situación, o la parte protectora, no quiere desaparecer fácilmente, y es importante que no luchemos contra ella. En vez de eso, lo mejor que podemos hacer es observarla sin animadversión. Podemos decirnos: «Por supuesto que quieres proteger esta parte del cuerpo que se muestra tan vulnerable (o tan vergonzosa, temible o mala)». Todas las percepciones sensibles son importantes y merecen que las respetemos, incluso aquellas de las que hubiéramos preferido librarnos. Todas ellas se encuentran ahí por alguna razón. Y, tal vez, la razón ya sea algo pasado o que no está en este momento en relación con lo que nos sucede, pero es una parte de nosotros que seguirá desempeñando su terco papel hasta que sepamos reconocerla. Y es precisamente cuando la reconocemos, la aceptamos y le prestamos atención cuando esa coraza protectora se ablanda y se convierte en un factor positivo para que podamos cambiar.

Quizá haya oído en alguna ocasión la historia del enfrentamiento que mantenían el viento y el sol para ver cuál de los dos lograba que un hombre se desembarazara de su abrigo. El que primero lo intentó fue el viento, pero cuanto más soplaba más se apretaba el hombre su abrigo. Después le tocó el turno al sol, y este empezó a brillar y a lanzar suavemente sus rayos, de forma que el hombre se desprendió tranquilamente del abrigo. Pues bien, la atención amistosa y benevolente es como ese sol.

6

Focalizando
la percepción sensible

L A percepción sensible empieza de una manera sutil, poco clara, vaga, confusa y dispersa. Es algo parecido a lo que nos sucede cuando miramos con unos prismáticos que están desenfocados. Distinguimos unas formas y unos colores imprecisos, pero no logramos reconocer lo que vemos. ¿Qué es lo que hacemos entonces? Pues seguimos viendo a través de los prismáticos pero giramos la ruedecilla reguladora hasta que la visión se torna precisa y clara. Pues bien, cuando trabajamos con la percepción sensible hacemos algo parecido: ajustamos nuestra atención hasta que la percepción sensible queda bien enfocada *.

Sin embargo existe una diferencia. Cuando la visión que tenemos con los prismáticos queda enfocada reconocemos perfectamente los objetos que nos resultan familiares: una casa, un árbol, un pájaro, etc. Pero cuando «enfocamos» la percepción sensible lo

---

* Esta es la razón por la que Eugene Gendlin dio al proceso de la percepción sensible el nombre de «Centramiento». Sin embargo, el término *enfocar, centrar,* sugiere la idea convencional de concentrar la atención, el «foco». Un concepto que es justamente lo opuesto a esa cálida atención a la que yo prefiero denominar *encontrar la percepción sensible* o, simplemente, *percepción sensible.*

que vislumbramos, por su propia naturaleza, no puede reconocerse ni llamarse simplemente una casa, un árbol o un pájaro. La percepción sensible siempre *es y tiene más* de lo que puede ser catalogado de forma simple. Se puede decir, por tanto, que la percepción sensible es fundamentalmente no-conceptual. Esto también explica por qué la percepción sensible se diferencia de las emociones corrientes que se pueden reconocer, o llamar, miedo, ira, felicidad o tristeza. No obstante, la percepción sensible *puede* ser descrita con palabras, siempre que en lugar de emplear sustantivos empleemos adjetivos.

Cada percepción sensible tiene sus propias y específicas cualidades. Imagínese que se encuentra con una persona que no conoce; al principio ignora su nombre, no sabe «quién es realmente»; pero, sin embargo, usted es perfectamente capaz de observar y describir las características de esa determinada persona. Observa si es alta o baja, calcula aproximadamente su estatura, ve si es rubia o morena, si es joven o vieja, si se muestra amable o no, si parece feliz o desgraciada, etc.

Ahora imagínese que usted trata de describir a un amigo esa nueva persona que ha conocido. A medida que le va contando las características físicas del mencionado sujeto, su amigo se va formando una imagen de cómo puede ser. La figura del desconocido va tomando forma y adquiriendo una «focalización» en su amigo. Incluso es posible que, llegado a cierto punto, ese amigo suyo se dé cuenta de que la persona que está describiéndole es alguien que conoce. En ese momento su amigo le puede decir el nombre del desconocido y hasta puede añadir una serie de características personales que a usted le fue imposible reconocer a simple vista.

Del mismo modo, aunque la percepción sensible se nos presente de una forma no muy clara podemos «enfocarla» denominando sus características. Debido a que es algo que se siente corporalmente, las palabras que utilizamos para describirla evocarán sensaciones tangibles y físicas: *duro, tenso, caliente, oscuro, hueco, profundo,* etc. A veces, es posible que una imagen o una metáfora logren ampliar la sensación: *una bola dura, algo como un escudo, como una llama, etc.* Otras veces parecerá una combinación de imágenes y palabras que describirán la percepción sensible: *punzante como un cactus, como una oscura piedra pesada, hinchado como un globo.* Hay ocasiones en las que el gesto de una mano, un movimiento o el cambio postural del cuerpo lo expresan mejor.

En el siguiente ejercicio podrá clarificar su percepción sensible mediante la utilización de adjetivos descriptivos, imágenes o gestos.

Ejercicio 6.1
Describiendo la percepción sensible

Utilizando los pasos preparatorios que le sirven para prestar atención al cuerpo y vivir su estado de presencia, tómese todo el tiempo que crea oportuno. Cuando ya se encuentre dispuesto, trate de encontrar la adecuada percepción sensible. Puede conseguir ese estado de presencia llevando directamente la atención a la zona de percepción sensible, empezando el ejercicio con una situación conocida o preguntándose: «¿Qué es lo que requiere mi atención en este preciso momento?». Si empieza por establecer una determinada situación, como puede ser un problema relacional o laboral, reúna las características del mismo —lo que denominamos «el relato»— para vivenciar la experiencia. Después, deje a un lado toda la historia, interiorice la atención y vea lo que la percepción sensible le dice que su cuerpo está reteniendo.

Viva serenamente ese estado de percepción sensible. Siéntase tranquilo, no se apresure, no trate de reaccionar empleando juicios de valor ni preocupándose por los pensamientos que puedan surgir. Limítese a estar ahí —en un estado de serena atención— con cualquier cosa que en ese momento le resulte poco clara. Al cabo de un rato, pruebe a poner palabras a lo que vive, a dotar de una imagen o de un gesto a la percepción sensible que aparece. Es fundamental que mantenga esa percepción sensible mientras comprueba si la palabra, la imagen o el gesto escogido encaja con lo que verdaderamente siente. Si no fuera así, trate de ajustar su descripción a lo que la percepción sensible le confirma, hasta que pueda decirse: «Sí, eso es, eso es justamente lo que siento».

¿Ha logrado escoger el marco adecuado para la situación? Tal vez sus ojos se sientan atraídos por una determinada forma, por un color o una textura específica; pero a fin de saber si ese elemento escogido es el acertado es necesario que tenga una muestra de la primera impresión. Con frecuencia conviene realizar varios intentos para comprobar si el ajuste es el apropiado. La percepción sensible es como un cuadro. Y la descripción de la percepción sensible es como el marco de ese cuadro. Mantenga ambos unidos en su atención, y compruebe si la palabra, la imagen, la frase o el gesto que le ha venido a la mente es la que mejor encaja con su percepción sensible. Como sucede con un cuadro, una buena combinación hace que la percepción sensible se muestre de modo más claro. Tenga siempre presente que usted siempre puede cambiar el marco, si este no es el adecuado; pero nunca cambie la percepción sensible para adecuarla al marco.

El proceso de comparar palabras, imágenes o gestos con la percepción sensible se denomina «resonancia». Es algo parecido a lo que se hace al afinar un instrumento. Si no se logra la adecuada afinación con la percepción sensible al primer intento, es necesario seguir intentándolo hasta que se logre. Y usted sabrá que ha conseguido una buena afinación cuando reconozca el efecto de la propia percepción sensible.

Le puede resultar útil que para una mejor realización de este ejercicio, y de otros que figuran en este libro, lleve usted un diario en el que pueda anotar palabras clave, imágenes e introspecciones tan pronto como le surjan en el momento, o bien al final de la sesión.

7

Solicitando la introspección desde la percepción sensible

En cuanto haya podido centrar su percepción sensible mediante una adecuada descripción y una «resonancia» interior habrá logrado establecer una amistosa y respetuosa relación con una parte de sí mismo que engloba un conocimiento indiferenciado y holístico sobre su experiencia pasada, su presente situación y sobre su dirección futura. Todo ello contiene *más* de lo que ya conoce su mente conceptual. Algunas veces este sentimiento corporal sin palabras es todo cuanto necesita a fin de poder seguir adelante; pero a menudo necesitará dar el siguiente paso, e incluir una comprensión intelectual que pueda articular nuevas percepciones y posibilidades de acción. Ahora, en este momento en el que la percepción sensible se haya totalmente presente, usted se encuentra en una posición adecuada para trasladar ese conocimiento corporal a un conocimiento mental. Podemos hacer esto mediante una indagación empática; un proceso en el que nos hacemos las preguntas que todavía no se hayan bien definidas en la percepción sensible.

Digamos algo sobre la palabra *percepción* (*insight*, en inglés). Tal como aquí la utilizamos, el término quiere decir «intención recién realizada». Esta percepción incluye la sensación corporal preverbal de ciertas intenciones que han surgido de forma novedosa, y la articulación de otras que se pueden expresar mediante palabras e ideas. En la técnica del Centramiento, las intenciones pueden surgir primero en forma de nuevas sensaciones corporales, también como nuevas ideas, o como las dos cosas simultáneamente. Frecuentemente aparecen con un «¡Ah!» exclamativo de reconocimiento, acompañado de una sensación de relajamiento, o cambio de la percepción sensible. En ocasiones, estos «cambios sensibles» van acompañados por un suspiro, por una respiración profunda, por cambios de postura o, incluso, por lágrimas. Todos estos cambios constituyen indicaciones de que se ha producido una modificación de la forma en la que el cuerpo vive una determinada situación.

El ejercicio siguiente, la Indagación Empática, se fundamenta en el Ejercicio 1.3, «Advirtiendo algo». El objetivo que se perseguía en este ejercicio era penetrar en la percepción sensible buscando una respuesta a la pregunta «¿Cómo soy?». Reformulamos la pregunta diciendo: «¿Pero cómo soy yo *realmente*?». Repetíamos aquí los mismos pasos y, después, profundizábamos todavía más haciendo otras preguntas dirigidas de forma directa a la percepción sensible.

Ejercicio 7.1
Investigación empática

Empiece por preguntarse simplemente «¿Cómo soy?». Dígase lo que le venga a la mente: «Me encuentro bien», «estoy perfectamente», «me siento cansado, feliz, excitado», etc.

Ahora vuelva a preguntarse: «Pero ¿cómo soy *realmente*?». En esta ocasión relegue cualquier respuesta que le venga inmediatamente a la cabeza. En vez de eso siga haciéndose la misma pregunta, dejando un silencio intermedio y limitándose a sentir lo que se manifiesta en su cuerpo; atendiendo siempre a la situación con la mejor de las actitudes.

Si no se produce ninguna percepción sensible o si no le llega ninguna respuesta, repita la pregunta mientras sigue prestando atención a su manifestación corporal interna. Continúe preguntándose: «Pero ¿cómo soy realmente?» hasta que advierta una respuesta corporal, algo que se remueve en su interior o que da alguna respuesta a esa pregunta formulada; o, también que surge algo que ha permanecido ahí durante cierto tiempo sin llegar a manifestarse.

Acepte lo que su sensación corporal pueda indicarle. Al cabo de un rato vea si puede describir de alguna forma lo que siente —ya sea mediante adjetivos, metáforas, imágenes o gestos—, y que sirva para captar la percepción sensible. Compruebe si esa descripción resuena o de alguna manera se ajusta a la percepción sensorial. Si no encaja del todo, pruebe con otras palabras y descripciones hasta que se produzca ese ajuste.

En la descripción que haga puede incluir una palabra emotiva, siempre que la percepción sensible «resuene» con ella. De todos modos, trate de ser preciso. Por ejemplo, si la percepción sensible le trae a la mente la palabra *triste,* pregúntese de qué clase de tristeza se trata. Vea si existe un término alternativo, un adjetivo o una imagen que exprese más claramente la clase de tristeza que experimenta en ese momento. Se dará cuenta de que está en el buen camino si lo que le viene a la mente es una inesperada combinación de palabras como, por ejemplo, «dolorida-tristeza», «tristeza-enfermiza», o «una tristeza como una cinta opresiva».

Cuando la descripción concuerde enteramente con la percepción sensible, realice una investigación empática formulando una pregunta a su percepción sensible. Puede limitarse a preguntar: «¿Qué es lo que hay en mi vida que se parezca a esto?». O, de una manera más específica: «¿Hay algo en mi vida que me produzca esta sensación de tristeza agitada, enfermiza o agobiadora?». Si ya se ha dado cuenta de que su percepción sensible se refiere a una situación en concreto, puede formular la pregunta inquiriendo los detalles: «¿Cuál es la situación que me hace sentir así (agitado, estresado, enfermizo, etc.)?».

Emplee términos emotivos solo si realmente se adaptan a las características de su percepción sensible. También puede preguntarse de forma directa: «¿Qué es lo que hay en mi vida que me hace sentir como si me apretara un cinturón?»; o, también, «¿Cuál es la situación que me hace sentir de esa manera?». Recuerde que con frecuencia se produce un periodo de silencio antes de que llegue la respuesta a su percepción sensible.

Una buena pregunta es la que se puede hacer cuando usted está enfrentándose a una situación compleja o incómoda; una pregunta del tipo: «¿Qué es lo peor de todo esto?». Espere un momento hasta que se produzca la respuesta que ha de proporcionarle la percepción sensible. Puede darse el caso de que, al igual que haría un niño, la pregunta se quede sin respuesta. Cuando surja una situación de esta índole no se sienta frustrado; deje la pregunta a un lado y siga prestando atención a sus sensaciones. Después, intente hacer una pregunta diferente o repita la anterior, pero desde una nueva perspectiva.

Por ejemplo, si no obtuviese respuesta a la pregunta: «¿Qué es lo peor de todo esto?», trate de formulársela a la percepción sensible de un modo más directo, más infantil si se quiere: «¿Hay algo de lo que sienta miedo?» o «¿Qué es lo que estoy necesitando?». Espere un momento y vea si la percepción sensible le responde con palabras, o si usted logra tener una percepción a la que pueda poner nombre.

___

Con este ejercicio hemos llegado al corazón de la técnica del Centramiento; en realidad, estamos estableciendo un diálogo con la percepción sensible; y, si esta coopera, conseguiremos una nueva información que nos será útil. Porque este proceso engloba, en primer lugar, el reconocimiento de la percepción sensible; después, el centramiento y enfoque de la pregunta; y, por último, la obtención de una nueva percepción, gracias a esa forma empática de indagar en el tema. Pero es probable que todo el proceso requiera cierto tiempo.

También constituye un buen ejercicio preguntarse «¿Cómo estoy *realmente*?». Cada vez que alguien le haga semejante pregunta. En lugar de responder con las fórmulas convencionales —«estoy bien, gracias», o «me encuentro perfectamente», o simplemente «bien»— pregúntese cómo *realmente* ve y siente lo que le pasa. Incluso puede compartir con la otra persona lo que le sucede, lo cual constituye una magnífica manera de establecer una relación más profunda con el otro. En la Segunda Parte de este libro hablaremos más de cómo funciona la percepción sensible en las relaciones personales. Pero de lo que estamos tratando aquí es de comprobar la manera de utilizar los mecanismos expuestos para verificar cómo funciona su percepción sensorial.

Por último, no está de más repetir que algunas veces lo mejor que se puede hacer con la percepción sensible no es formularle preguntas, ni siquiera entrar en detalles sobre el tema, sino simplemente mantenerse en una buena sintonía con ella para que pueda resultarnos útil.

8

Pequeños pasos, cambios de sensación y agradecimiento por lo que llega

Un paso adelante en el proceso corporal conlleva generalmente una serie de pequeños cambios, en lugar de percibir un estado de súbita iluminación. Resulta imprescindible que nos mostremos sensibles a estas ligeras mutaciones de la percepción sensible, y que les dediquemos bastante tiempo para poder apreciarlas debidamente, integrando las percepciones que puedan producirse en ellas, antes de ir más allá.

Para mejor ilustrar este proceso, y antes de que usted pueda intentarlo por su cuenta, le invito a que me acompañe y sea testigo de una situación que se dio en mi vida. Quisiera que, a medida que vaya leyendo esta historia, se fije usted en algunas cosas que merecen la pena. Una de ellas es comprobar lo pequeños que pueden ser los pasos que vamos dando en nuestro trabajo; son tan aparentemente insignificantes que en muchas ocasiones no llegamos a apreciarlos y pensamos que no hemos avanzado nada. (No quiero decir con esto que nunca se puedan producir notables cambios corporales y súbitas percepciones; por supuesto que pueden producirse, pero llegan precedidas por una serie de pequeños cambios que aparentemente no parecen estar relacionados con aspectos de nuestra vida, hasta que se produce el momento crucial.)

En segundo lugar, quisiera que se diera cuenta de la cantidad de paciencia, delicadeza y autoempatía que esta clase de trabajo interior requiere. En tercer lugar, es conveniente saber reconocer la importancia de *recibir* lo que llega; de sentirlo realmente, de admitirlo y de permitir que ello impregne nuestro cuerpo-mente. Es algo parecido a lo que significa hacer una buena digestión tras haber masticado, degustado y tragado el alimento, de modo que este se integre en nuestro organismo y pueda nutrirnos de un modo del que ni siquiera somos conscientes.

Recientemente tuve una sesión de percepción sensible —en un proyecto en el que estoy trabajando— con una persona cercana. Este joven tardaba mucho en completar su parte del trabajo, por lo que yo me sentía frustrado e impaciente. Seguidamente me voy a referir a los pasos que di en mi proceso interior, y a comentar algunos aspectos que considero claves.

Empecé a darme cuenta de que se estaba produciendo cierta tensión en mi cuello y en mis hombros (es decir, aprecié que me sucedía «algo»). Dediqué cierto tiempo a reconocer esta sensación física. Y, al cabo, percibí una cualidad más sutil del conocimiento corporal (la percepción sensible) que se hallaba dentro, o por debajo, de aquella. El término *bloqueado* me vino de pronto a la cabeza (descripción). Cuando contrasté esta sensación con la percepción sensible (resonancia) el término anterior cambió a «sujetado». Esta modificación de mi apreciación me pareció que se debía al efecto de la percepción sensible.

Mantuve serenamente durante un rato esa sensación de «sujetado» (atención más amistosa). Después me hice con calma la pregunta: «¿Qué es lo que tiene que ver esta situación con mi amigo para que me sienta sujetado?» (indagación empática). Sin tratar de modificar los elementos, bien conocidos, de la situación —la lentitud de mi compañero, y mi propia impaciencia—, dejé que la pregunta quedara en el aire y esperé a ver qué más me podía ofrecer la percepción sensible. Lo que se produjo al cabo de un rato fue esta percepción: «He dedicado un montón de tiempo a este proyecto. Me gusta mi trabajo y para mí es importante poder compartirlo con otros colegas». Constaté esta afirmación con la percepción sensible (más resonancia). Sí, aquello parecía encajar. Me di cuenta también de que se relajaba la tensión del cuello y de los hombros (un pequeño paso, una modificación sensible).

Este primer amago de cambio se produjo por el simple hecho de reformularme el problema. En lugar de experimentar un sentimiento de frustración, había logrado cierta información sobre las razones que se encontraban detrás de esa frustración. El reconocer las razones como algo que era adecuado a la situación vivida incrementó mi concienciación del asunto, y permitió que experimentara un sentimiento de autoempatía. Y si bien este sentimiento de autoempatía no es la solución, sirve para cambiar de forma sutil el enfoque del problema. Sirve también para que reconozca el valor de mi propia experiencia; y, algo que todavía es más importante: no juzga negativamente a la otra persona.

Regreso a mi percepción sensible y me doy cuenta de que si bien la tensión del cuello y de los hombros no ha desaparecido, ahora se ha producido como un espacio y un ablandamiento en esas zonas. Me pregunto si habrá algo más que tenga que ver con el problema (investigación empática) y espero que se produzca una respuesta.

Mantener la pregunta quiere decir que uno permanece con el sentimiento de esa pregunta, aunque realmente no haya surgido una respuesta para ella. Algo así como cuando uno sigue percibiendo el resonar del gong después de que este se haya tocado. Y si el sentido de la pregunta empieza a desvanecerse, uno puede reactivarlo volviendo a formularse la pregunta. Si no se produce respuesta por parte de la percepción sensible, se puede reformular la pregunta de otro modo. Por ejemplo, si no surge nada a la pregunta: «¿Hay algo más que tenga que ver en esto?», puedo dirigir mi percepción sensible de una forma más directa, preguntando: «¿Qué es lo que sigue manteniéndome tenso?».

Al cabo de un rato surge una sensación más fresca, nacida en un nivel más profundo de la percepción sensible: lo que importa aquí no es tanto la rápida realización del proyecto que se tiene entre manos como la relación que mantengo con mi joven colega (percepción). Ahora contacto con esa sensación de lo mucho que me preocupo por mi compañero, con las dificultades que él tropieza para llevar a cabo el trabajo, y con mi preocupación porque todo esto pueda afectar a su propia autoestima y a su futuro profesional en la vida. Al producirse este cambio de percepción (el pequeño paso) se produce un cambio más intenso en mi percepción sensible: se relaja la tensión que padecía en cuello y hombros (cambio de percepción) y, al mismo tiempo, experimento como un nudo en la zona de mi plexo solar.

Cuando se relaja una percepción sensible, suele aparecer otra. Eso constituye una señal de que la situación tiene otra dimensión de la que no éramos conscientes.

Me tomo mi tiempo para analizar sin agobio esa sensación de anudamiento (atención amistosa). Al cabo de un rato surge (descripción) el término «dolorosa tristeza». Constato esas dos palabras con mi percepción sensible, y me doy cuenta de que encajan (resonancia). Reconozco lo que me sucede como un familiar sentimiento de vulnerabilidad (un pequeño paso), pero todavía no logro establecer claramente cómo eso se relaciona con la situación que estoy viviendo. Lo primero que me viene a la cabeza es: «Necesito hablar con mi colega y preguntarle qué está haciendo para poder finalizar su parte del proyecto». Pero cuando confronto esto con la zona en la que experimento la sensación de dolorosa tristeza compruebo que ambas sensaciones no encajan (resonancia). Eso nada tiene que ver con mi propio sentimiento de vulnerabilidad.

Tras prestar un poco más de atención a ese lugar en el que experimento un sentimiento de dolorosa tristeza, me llega una percepción clave: Cuando era más joven también, tenía yo dificultades para concluir un trabajo. En cuanto me doy cuenta de esto (un paso nada pequeño), el impulso que antes tenía de enfrentarme con mi joven colega se atenúa, y da paso a un sentimiento de compasión. Advierto en mí una sensación de descanso, y cómo se va disolviendo aquel nudo de dolorosa tristeza que antes experimentaba (cambio de sensibilidad). Entonces me paro un momento y vivo más intensamente el sentimiento que antes experimentaba, al tiempo que me doy cuenta de que ha cambiado mi percepción sensible (agradecimiento de lo que llega).

Es importante no apresurarse, incluso cuando se experimenta una energía positiva.

Al cabo de un rato vuelvo a compulsar la percepción sensible y me pregunto si todavía hay algo más. Advierto que el nudo que sentía anteriormente, aunque se ha suavizado, no ha desaparecido por completo y ha adquirido un tinte de temor. Le pregunto: «¿Qué es lo que temes?». Entonces se produce una pequeña percepción y un cambio corporal: lo que realmente temo es que el proyecto siga incompleto e, incluso, que las cosas marchen peor que antes; porque mi compañero puede considerar el retraso como un fallo suyo y como una decepción para mí, lo cual redundará en un deterioro de nuestra futura amistad.

Ahora me parece estar viviendo una especie de acertijo: es necesario concluir el proyecto lo antes posible, pero, al mismo tiempo, no quiero tensar las cosas de manera que hunda la autoestima de mi amigo; por ejemplo, encargándome yo solo de concluir el trabajo.

En el centro de la mayoría de los problemas escabrosos siempre hay dos o más intereses que parecen contraponerse.

Reflexiono sobre lo que está pasando. La relación con mi compañero es más importante que la conclusión del proyecto encargado; por consiguiente, lo verdaderamente urgente es seguir manteniendo una buena comunicación laboral con toda la paciencia y habilidad de la que yo sea capaz (pequeño paso). Esta decisión parece la correcta y me produce una cierta relajación; sin embargo el pequeño nudo de mi «dolorida tristeza» sigue vigente. Las dos caras del conflicto —realizar el trabajo y no desvalorizar a mi amigo— continúan en tensión. Y todavía hay algo más para resolver esta paradoja; algo de lo que ahora me doy cuenta. Aunque tenga muy claro que lo más importante es mantener nuestra buena relación, que me he comprometido a mostrarme con mi compañero con toda la paciencia y mejor disposición de la que soy capaz, y que deseo que este proyecto sea un éxito para los dos, cuando se termina la jornada laboral no dejo de tener dudas sobre los posibles resultados que pueda tener todo este asunto (introspección). Porque, en definitiva, no quisiera despedir a mi amigo que, al fin y al cabo, es un adulto.

Como consecuencia de todo lo expuesto la sensación de anudamiento que tenía en el plexo solar se va disolviendo. Todavía perdura una ligera sensación de tristeza, tintada de miedo, pero ahora sé exactamente de qué se trata; y este sentimiento me servirá de información y de apoyo, en lugar de inhibir la intención que tengo de mostrarme paciente y de saber actuar en la compleja situación que se me ha presentado. Así pues, me tomo un tiempo para asimilar toda la información que me ha llegado y dejo que ella impregne mi cuerpo y mi mente (agradecer lo que llega).

Termino por retornar a la sencillez de la arraigada presencia de la atención y, después, alzo la mirada y envuelvo con esa atención todo el espacio que me entorna. Y al vivir los detalles de ese entorno siento que mi presencia se ha vuelto parte de un mundo más amplio.

He descrito con todo detalle los pasos internos que di para ilustrar cómo el proceso de la percepción sensible se desarrolla a través de una serie de pequeñas percepciones y de cambios de ánimo. Tal vez en esta ocasión no se haya podido resolver por completo el problema que existía en un principio —cómo llevar a buen término el proyecto que nos ocupaba—, y hasta es posible que haya fallado en el intento. Pero yo me siento cambiado. No solo es diferente la comprensión que tengo de la situación, sino que también ha cambiado la forma cómo la ha vivido mi cuerpo. Puedo percibir la diferencia y cómo se modifica también la situación. Ahora ya me es posible seguir adelante con mi proyecto *incluyendo* la inseguridad que experimento sobre su resultado.

En la segunda parte de este libro estudiaremos más de cerca cómo el encontrar la percepción sensible nos lleva a vivir cambios positivos en nuestra conducta. Pero ahora le invito a que explore los temas referentes a esos pequeños pasos, a esas modificaciones sensoriales, y a valorar lo que sucede al contemplar algo diferente en su vida.

Puesto que ya conoce todos los pasos básicos del Centramiento presencial le es factible utilizar de guía el protocolo que seguidamente detallamos. Tal y como se indica en el paso final —el de «regreso transicional al mundo»—, complete ese punto tomándose el tiempo que necesite para regresar a una presencia enraizada de la atención y reconectar serenamente con el mundo que le rodea, y dotándolo de todo su valor antes de iniciar cualquiera de las actividades que puedan estarle aguardando.

Protocolo de Centramiento Presencial

He aquí un esbozo de los pasos básicos del Centramiento Presencial. Puede utilizarlo mientras lo practica; sin embargo se trata tan solo de una síntesis. El Centramiento es un proceso orgánico que se produce de una manera espontánea. De modo que usted puede saltarse algunos pasos, o parte de ellos; o, también organizarlos de modo diferente. La práctica que lleve a cabo irá evolucionando sobre la marcha. Hágalos de la manera que mejor encaje con usted.

1. Presencia Arraigada de la Atención (PAA).

   • Centre la atención en donde se apoya el cuerpo (arraigo), cabeza (atención) y corazón (presencia).
   • (Versión abreviada.). Afiance el cuerpo, aleje los pensamientos, ponga la atención en el interior del torso.

2. Encuentre la percepción sensible.

   • Adopte una actitud de benévola atención.
   • Advierta lo que sujeta su cuerpo —«algo» o «algo que hay en mí».
   • Pregúntese: «¿Qué es lo que ahora requiere mi atención?» (o)
   • Comience con una situación:

     – Mantenga la situación durante uno o dos minutos.
     – Deje a un lado el relato de la situación.
     – Perciba el sentimiento que se encuentra bajo el sentimiento.

3. Enfoque la percepción sensible.

   • Describa sus cualidades sensibles empleando una palabra, una frase, una metáfora, una imagen o un gesto.
   • Resonancia. ¿Encaja la descripción con la percepción sensible?

4. Investigación empática.

- Hágase una pregunta y aguarde a que la percepción sensible le dé la respuesta:

  - ¿Qué es lo que me hace sentir así (a mí, a usted)?
  - ¿Qué es lo peor de todo esto?
  - ¿Qué es lo que temo (yo, usted)?
  - ¿Qué necesito (yo, usted)?

5. Agradeciendo lo que se produzca.

- Tome nota y reciba gratamente cualquier pequeño paso, cambio de sentimiento o percepción.
- Una vez aceptado, pregúntese: «¿Hay algo más?».
- Apunte cuando la sensación se detiene.
- Anótelo en un diario (recomendable).
- Agradezca la sensación corporal.

6. Traslade su sensación a todo lo demás.

- Regrese a un estado de afianzada presencia.
- Ábrase a lo exterior; tome nota y agradezca el mundo que le rodea.
- Perciba su propia presencia como una parte de un entorno mayor.

9

Cuidando la empatía del yo
y desactivando la crítica interna

Como ya se ha especificado en el protocolo del Centramiento presencial, hemos incluido en él todos los pasos fundamentales de la técnica del Centramiento. Ahora quisiéramos poner el énfasis en que estos pasos no constituyen la fórmula rígida de cómo se ha de hacer siempre el ejercicio.

Esos pasos se han presentado como una especie de mapa de un territorio desconocido; como un mecanismo básico de diferentes maneras de trabajar los múltiples desafíos a los que todos hemos de enfrentarnos en la vida.

En la segunda parte de este libro, «Avanzar en la vida», estudiaremos cómo aplicar estas técnicas en contextos específicos de la vida diaria, como pueden ser las relaciones, el trabajo, el estudio o el proceso creativo.

A medida que usted vaya dominando los principios básicos y los aplique a los contenidos de su vida diaria, descubrirá cómo van actuando y mejorando su actividad, incluso en situaciones que no están descritas aquí.

Para completar la presentación del método básico de Centramiento presencial existen otros dos temas importantes que no constituyen pasos demasiado específicos de esta técnica, ya que se refieren a temas como la autoempatía y la crítica interna.

La autoempatía es una forma de empatía que se refiere a la intención, o a la actitud, que subyace a una atención amistosa y a una indagación empática. En la primera tratamos de aportar una actitud amable y cariñosa a cuanto surja en nuestra percepción sensible, especialmente en aquellas situaciones en que concurren desagradables sentimientos como el miedo, la ira, la vergüenza, la culpabilidad, etc. La autoempatía significa aportar la misma actitud a uno mismo, considerándonos esa persona que está pasando por sentimientos y sensaciones difíciles. Es algo así como la diferencia que existe entre sentir empatía por alguien que se encuentra enfermo, y el sentimiento empático que sentimos hacia nosotros mismos cuando tenemos que ocuparnos de la carga que representa la atención de esa persona enferma. Es poseer la suficiente sabiduría para reconocer el impacto que el cuidado de esa persona enferma, ya sea un amigo o un familiar, tiene *sobre nosotros:* al ayudar a la otra persona es como si estuviéramos ayudándonos a nosotros mismos.

Ejercicio 9.1
Autoempatía

Piense en algo que se refiera a usted y que quisiera que fuera diferente a como es ahora; algo que se refiera tener demasiado trabajo, a no disponer de suficientes ingresos, a estar solo, a sufrir conflictos interpersonales, a mostrarse indeciso, a tener una mala memoria, a poseer una conducta adictiva, a padecer problemas de salud, arranques de ira o periodos depresivos.

Empiece por pensar en todo ello como suele hacerlo y dese cuenta de lo que eso le hace sentir. Ahora imagínese por un momento que se encuentra fuera de su cuerpo, mirándose como si se tratara de otra persona que tiene los mismos pensamientos y sentimientos. Sienta simpatía por esa otra persona y por las dificultades por las que está pasando.

Ahora, acérquese a esa persona, abrácela, y ofrézcale afecto y simpatía. Su personalidad compasiva está abrazando a su personalidad sufriente. Eso es la autoempatía.

La autoempatía no es un sentimiento de lástima hacia uno mismo. Es un sentimiento de compasión por uno mismo como ser humano que sufre o que está pasando por dificultades. No se trata de presentar disculpas; y, a diferencia, de sentir pena por uno mismo no pretende socavar los esfuerzos para mejorar las cosas. De hecho, la auténtica autoempatía puede ser el punto de partida para enfrentarse a problemas, modificar conductas indeseadas y abordar circunstancias difíciles que no pueden ser cambiadas.

En el lado opuesto a la autoempatía —y que con frecuencia tropieza con ella— es la crítica interna, esa parte de nosotros que formula juicios negativos sobre nuestra propia conducta. A menudo se muestra como una voz interior que nos dice: «Estás comportándote como un estúpido», «No soy lo suficientemente bueno», «Eres fea/o», «Me meteré en problemas», «Soy una mala persona». (Yo mismo me digo a veces, «¡Idiota!», en alta voz, y antes de que me dé cuenta de lo que me estoy diciendo.)

La crítica interna hace que dudemos de nosotros mismos, impide que realicemos cosas que quisiéramos llevar a cabo, o hace que nos sintamos avergonzados, o culpables, por cosas que hemos hecho (esto es algo que está relacionado con el concepto freudiano del superego). Los ataques de la crítica pueden ser descarados o sutiles. Pueden decirle claramente al oído («¡Tú, idiota!»), o tal vez se limiten a un susurro que parece provenir de la sombra («Debo ser más cuidadoso» o «Debería estar haciendo ahora algo más»).

Es difícil, por no decir imposible, librarse enteramente de la crítica interna. Tampoco necesitamos hacerlo. Por más que contengan juicios y nos resulten poco agradables, esta clase de críticas poseen su punto de inteligencia, y pueden convertirse en una aliada si aprendemos a establecer una adecuada relación con ellas. La clave para responder de forma constructiva a la crítica interna es empezar por darse cuenta y *reconocerla* cuando se manifiesta. Por lo general, nos sentimos victimizados por la negatividad de la crítica, o nos hundimos por su culpa («Bueno, ¿para qué molestarme si nunca seré capaz de hacerlo?»). También es posible que nos enfrentemos a ella («No, no soy perezoso; lo que pasa es que no me siento muy bien en este momento»). Ambos tipos de respuesta son reacciones y, en definitiva, constituyen una especie de auto derrota. La clave para *responder* a estas situaciones no es la de reaccionar ante ellas sino, ante todo, reconocer la crítica interna tal cual es, y alejarse de ella. No aceptemos su voz autoritaria por las apariencias que pueda mostrar. Como sucedía con el Mago de Oz, detrás de su fachada de superioridad y poder, la crítica interna es en realidad tímida e ineficaz. Reconózcala tal y como es: como una voz o una parte de usted —y no como la totalidad— y no se someta a sus exigencias, o a defenderse de ella. Detrás de su fachada de seguridad y poder la crítica interna es en realidad tímida e ineficaz. Reconózcala tal y como es: como una voz o como una parte de usted —y no como la totalidad—, sin someterse a sus exigencias ni a defenderse de ellas.

Veamos seguidamente tres estrategias para habérnoslas con la crítica interna:

- *Reconocimiento y rechazo.* En la mayoría de las ocasiones esta es la forma más sencilla de desactivar los autojuicios negativos. Primero reconocemos que la autocrítica ha aparecido en escena: «¡Oh, ya estás aquí de nuevo, siempre criticando!». Seguidamente, y una vez que la haya identificado, recháccla. Puede hacerlo ignorándola simplemente cuando la haya reconocido. O también puede decirse algo parecido a esto: «Ahora mismo no tengo tiempo para ti», o «No te voy a prestar atención», o «No te tengo miedo». También puede imaginarse que la está expulsando de su lado.
- *Reconocimiento y observación.* Esta estrategia se parece un poco a la anterior. Se reconoce la crítica («Ya estás aquí de nuevo»), pero en lugar de rechazarla, uno se toma cierto tiempo para comprobar qué grado de inteligencia puede contener esa crítica. Esta estrategia observadora consiste, pues, en ignorar la presencia del antipático mensajero que nos trae la crítica, pero sin dejar de considerar, al mismo tiempo, el origen del mensaje. Tal vez exista un aspecto de su actual situación personal que no encaja del todo con usted, y esa intervención crítica le alerta para identificar de qué se trata, y poder así modificar su actuación.

- *Reconocimiento y amigabilidad**. Se trata de la opción más radical. Tal vez carezca de tiempo para utilizar esta estrategia siempre que se presenta la crítica, pero es posible que pueda transformar su aparente enemigo en un verdadero aliado. Bajo su áspero tono judicatorio muchas veces la crítica trata de protegerle en cierto modo. Como esa madre asustada que le grita a su hijo pequeño que se aparte de la estufa encendida. El tono empleado es indiscutiblemente iracundo, pero está justificado en su origen por el deseo materno de proteger a su hijo de la posible quemadura.

  Amigarse con la crítica es algo parecido al hecho de invitar a esa persona con la que usted se encuentra en conflicto, para tomarse un tiempo y poder hablar ambos de lo que les está pasando. Al obrar de ese modo usted suspende por un momento sus juicios y opiniones, atiende a lo que le molesta de usted a la otra persona, y valora la perspectiva que el otro tiene de las cosas.

Veamos seguidamente cómo puede funcionar el intercambio con la crítica interna. Adviértase que en este caso el yo —su «yo» normal y adulto— presta atención a lo que le dice la crítica interna, y reflexiona con empatía antes de tomar una deicisón.

CRÍTICA INTERNA (CI): Eso es una idea estúpida.

YO: Ya veo que piensas que quizá eso no sea una buena idea ¿Qué temes que pueda pasar?

---

* Este modo de actuar con la crítica interna se basa en el trabajo pionero de Ann Weiser Cornell y Barbara McGavin, *Inner Relationship Focusing*.

CI: Harás el ridículo más grande del mundo.

Yo: De acuerdo, ya veo. Te preocupa el hecho de que pueda ser un necio. Pero ¿podrías decirme qué miedo tienes a que eso llegue a suceder?

CI: *(Tras una pausa en la que usted aguarda una respuesta, atenta y pacientemente.)* Pues que te quedarías sin amigos.

Yo: ¡Ah! Ya veo que te preocupa el que pueda quedarme sin amigos si cometo esa equivocación. Comprendo. Eso es algo en lo que hay que pensar... Pero ¿podrías decirme qué sería lo peor que podría pasarme si me quedase sin amigos? *(Aunque la respuesta a esta pregunta pudiera resultar evidente, es importante oír lo que le dice la crítica al respecto.)*

CI: Pues que te quedarías completamente solo; nadie querría estar a tu lado. Terminarías por derrumbarte. Hasta podrías llegar a suicidarte... *(La crítica interna tiende a exagerar. No reaccione a lo que ella le dice. Limítese a escuchar y a responder serenamente, como lo haría si estuviera hablando con un niño.)*

Yo: Comprendo. Estás verdaderamente asustado, porque pueda quedarme sin amigos, y terminar más solo que la una. ¿No es eso?

CI: Sí, así es. *(La crítica interna ya ve que usted le ha prestado atención. Con esa afirmación por parte del «yo», ya no necesita seguir mostrándose negativa. Ve claramente que usted se encuentra de su lado. Ahora es el momento de preguntar por la energía positiva que podría extraerse de todo el asunto.)*

Yo: ¿Y podrías decirme qué quieres que yo consiga con todo esto?

CI: Pues quisiera (es decir, quisiera que tú quisieras) que te mostraras y resultaras agradable a los demás, y que de ese modo te respetaran.

Yo: Así que lo que tú quieres es que yo guste y sea apreciado y respetado por los demás. Sí, eso está bien. Son sentimientos que realmente vale la pena tener en cuenta. *(El «yo» recibe agradablemente esta valoración surgida del diálogo, lo cual le complace. En este momento la crítica se ha convertido en una aliada, y la energía que ha venido mostrando se funde por entero con todo su «yo».)*

Evidentemente, este ejemplo está idealizado en cierta medida. La crítica interna pudiera albergar más temores antes de sentirse plenamente aceptada.

Puede suceder también que la crítica interna se mantenga en sus trece, y se niegue a mantener cualquier tipo de diálogo. En ese caso lo mejor será esperar y dejar que pasen unos días; sobre todo cuando se trata de un tema importante, y repetir este ejercicio más de una vez. Téngase siempre presente que *usted* (el «yo») no debe forzar el aspecto crítico a fin de lograr un estado de serenidad. A veces lo mejor que podemos hacer es «estar de acuerdo en el desacuerdo», y seguir adelante sabiendo que la crítica interna no está apaciguada; por más que aparentemente ella no quiera seguir interponiéndose en nuestro camino.

Para ciertas personas este proceso funciona mejor si se dirigen a la percepción sensible, o a una parte de uno mismo, como si estuvieran hablando con otra persona. Debido a que esta posición proporciona un saludable distanciamiento, resulta muy provechoso para quienes tienden a sentirse abrumados o superados por las emociones.

Para aquellos otros que viven más apartados de sus emociones tal vez resulte mejor buscar una fórmula de mayor acercamiento.

Como, por ejemplo: «Hay *una parte de mí* que siente miedo de parecer estúpido ante los demás». E, incluso, si «esa parte de mí» se siente demasiado alejada, es conveniente tratar los propios sentimientos identificándose con ese sentimiento de temor: «Yo no siento miedo de...», comprobando, posteriormente si tal afirmación suena acorde con la percepción sensible que usted tiene. En cuanto se haya apropiado del sentimiento de ese modo, todavía puede darse cuenta de que eso no constituye la *totalidad;* que también existen otros aspectos más positivos en usted.

En el siguiente ejercicio le propongo dar algunos pasos básicos en ese proceso de amigarse con la crítica. Se trata sencillamente de considerar tales pasos como una especie de guía. No se sienta abrumado por ellos, y confíe en su propio criterio interno. Si observa que se está dejando llevar por procesos mentales o por fantasías, vuelva a centrarse en cómo esos sentimientos repercuten en su cuerpo. Si el procedimiento le resulta demasiado fuerte, recuerde que la autosimpatía es su arma secreta para poder regresar a la presencia afianzada. Hágalo así siempre que se vea amenazado por un miedo intenso, por un sentimiento de ira, por la confusión o por otras emociones desagradables como pueden ser la vergüenza o la culpa.

Ejercicio 9.2
Amigándose con la crítica interna

Piense en un lugar, o en una voz, que sienta frecuentemente en su interior como algo que se muestra en forma de autocrítica : «Soy perezoso, o indisciplinado, o gordo, o estúpido». Puede tratarse de un tema recurrente o de algo que surge debido a un incidente específico. Empiece, pues, por un proceso de reconocimiento: «Me doy cuenta de que hay algo en mí (una voz interna, un lugar, algo en concreto) que me dice que soy un necio (o una persona poco atractiva, un ser débil, etc.)». Acepte esa voz interior para que siga estando presente. Manteniendo la debida distancia observe ese sentimiento con respeto y atención, por más que sea desagradable o amenazador. Tenga presente su yo interno, y la convicción de que este puede escoger el alejamiento, o la anulación, de ese punto de crítica cuando usted crea sentirse asustado o abrumado por él.

En cuanto empiece a sentirse sereno con esa crítica, no la rechace. Por el contrario, piense: «Bien, ya veo que estás ahí y no voy a liberarme de ti. Lo único que deseo es oír lo que tengas que decirme». Mantenga ese pensamiento y deje que le acompañe durante un rato. Cuando llegue el momento adecuado, pregúntele cuál es la razón del miedo que le produce; qué es eso que no desea que le pueda pasar a usted. Preste atención y escuche lo que tenga que decirle, aunque considere que esa respuesta que pueda darle es algo exagerada o no es la más adecuada. Vuelva a reconsiderar el tema diciéndose: «Comprendo, estás preocupado por…». Continúe con ese tira y afloja hasta que la crítica, que para entonces puede haberse intensificado, haya sido plenamente atendida. Entonces pregúntele qué es lo que necesita, o qué es lo que quiere; qué sería lo mejor para que usted pudiera sentirse más relajado y mejor. Una vez más vuelva a ese proceso de tira y afloja hasta que haya atendido y aceptado el pensamiento que le acosa. Es entonces cuando ha llegado el momento en que usted pueda preguntar: «¿Qué es lo que quieres de mí?». Al haberse visto reconocida y respetada, esa crítica puede ofrecerle su lado positivo, ayudándole a reconocer y aceptar sentimientos de amor que usted había suprimido anteriormente; sentimientos de reconocimiento, de respeto, de fuerza, de deseo, de confianza, etc.

Concluya el proceso dándole gracias a esa crítica interna —que ahora se ha convertido en su aliada—, y déjese invadir por percepciones positivas; y que una energía amistosa le llene por completo. Conceda a ese sentimiento un valor parecido —salvando todas las distancias— al estado de plenitud y bienestar que podría sentir tras una agradable comida.

Quisiera repetir que las instrucciones que hemos expuesto en este ejercicio constituyen una versión simplificada e idealizada de lo que usted puede experimentar cuando, por primera vez, trata de amigarse con una crítica interior. No quisiera que se sintiese defraudado si no llega a experimentar ese sentimiento de plenitud al que antes me he referido. Tengamos presente que la sensación de fracaso o de frustración puede representar una ocasión de renovación de la autoempatía. Cuando las cosas no marchan bien, cuando parece que todo resulta demasiado duro, demasiado confuso, o simplemente ineficaz, es cuando más se requiere de auto empatía. Es necesario que aprendamos a suavizarnos, a decirnos: «¿Sabes? Esto resulta duro; aquí es donde tengo que luchar». Hagamos lo mismo que puede hacer un padre cariñoso cuando se esfuerza por serenarse ante la actitud rebelde de un hijo.

Es posible que en el proceso de prestar atención y de recibir los temores y los problemas producidos por la crítica interior nos sea necesario revivir experiencias dolorosas. Gracias a la capacidad que usted ha adquirido para centrarse en sí mismo y de enraizarse en la presencia, adoptando una actitud de amistosa comprensión, ahora dispone de la posibilidad de volver a experimentar sentimientos dolorosos desde una especie de «distancia de seguridad», y de poder hacerlo con autoempatía. Eso puede constituir un profundo sentimiento de curación. No obstante, recuerde que cuando uno tiene que enfrentarse a traumas complejos que están enraizados en un profundo temor que afecta a la supervivencia y a la integridad personal, es recomendable —incluso necesario— la ayuda de un buen terapeuta que facilite el proceso, y le proteja de una peligrosa recaída.

El ejercicio que presentamos seguidamente constituye una sucinta indicación de cómo es posible que las habilidades que ha conseguido usted gracias al Centramiento presencial pueden resultar sumamente útiles a la hora de enfrentarse a experiencias pasadas. De todos modos, se trata de un ejercicio opcional. En el caso de que las emociones evocadas por este ejercicio le resulten demasiado dolorosas, interrúmpalo. No siga más allá de lo que pueda resultarle peligroso. Manteniendo su actual umbral de tolerancia, ya tendrá ocasión más delante de enfrentarse a situaciones penosas o amenazadoras.

Ejercicio 9.3
Reviviendo sentimientos dolorosos

Recuerde una etapa de su vida, tal vez en su infancia, en la que vivió situaciones dolorosas, miedo, pena, vergüenza o lástima. Deje que la percepción sensible de aquella época impregne su cuerpo, experimentando la desazón que le produce esa vivencia, pero observándola con el distanciamiento necesario para que incluso pueda sentir hacia ella cierta empatía.

Desde ese yo más amplio y compasivo trate de experimentar un sentimiento empático hacia ese «yo» sufriente. Hasta podría decirse: «Esto es algo que resulta muy difícil de vivir para cualquiera. Siento verdadera compasión y cariño por quienquiera que tenga que pasar por una situación como esta».

El sentir ese viejo dolor, y el establecer una nueva relación con él, es una manera de aceptarlo y de poder liberarse, haciendo que esa energía que se ha mantenido clausurada durante mucho tiempo pueda abrirse y sirva al bienestar general.

Cuando experimentamos sentimientos de ira, pena, vergüenza u otro tipo de emociones negativas y las reconocemos de forma honesta en nosotros, *pero sin permitir que nos bloqueen*, podemos encontrar un sentimiento de compasión hacia nosotros mismos. Incluso cuando nos sentimos solos y sin amparo en nuestro propio sufrimiento nos es posible apreciar que eso que estamos viviendo es lo que viven y han vivido otros seres humanos, en todos los tiempos y lugares. El ampliar nuestro sentimiento de compasión, incluyendo en él el sufrimiento de los demás, facilita el que establezcamos una relación amistosa con nuestro propio dolor.

Interludio

Los dos próximos capítulos nos invitan a establecer una pausa y a reflexionar sobre algunas de las fuentes de esas capacidades internas que hemos venido cuidando. Estableceremos, pues, un descanso entre los distintos ejercicios para fijarnos brevemente en los dos principales sistemas de pensamiento: el Oriental y el Occidental, que son los que conforman la técnica del Centramiento presencial.

El encuentro y la fusión que se han realizado en nuestro tiempo entre esas dos sabias tradiciones, históricamente separadas, representa un punto excitante de desarrollo intelectual; un punto que puede contribuir a fomentar el respeto mutuo y la colaboración entre ambas culturas. El Centramiento presencial representa una forma de actualizar este enriquecimiento intercultural.

En el capítulo 10 presentaremos una rápida visión de los orígenes de la meditación *mindfulness* del Centramiento presencial y del principio mandala, tal y como han venido ejerciéndose a lo largo de muchos siglos en la tradición budista.

El capítulo 11 revisa la «Filosofía de lo Implícito», de Eugene Gendlin, que constituye una profunda investigación de la naturaleza de los procesos vitales que se han venido extendiendo por la filosofía y la psicología de Occidente, centralizando la capacidad de la percepción sensible en el desarrollo humano.

La segunda parte, «Avanzar en la vida», se inspira en algunos debates teóricos de estos capítulos. La teoría que aquí se presenta estimula nuestra comprensión, y puede representar una auténtica ayuda para aprender nuevas técnicas de interiorización. Dicho esto conviene aclarar que el conocimiento de esta teoría no resulta un elemento esencial para dominar dichas técnicas. Si el material que se muestra en estos capítulos representa para usted una distracción o un obstáculo en lugar de una ayuda, siéntase libre para pasarlo por alto y centrarse en los ejercicios que figuran en la segunda parte. Ya podrá, más tarde, regresar a las ideas que se presentan aquí cuando las considere de utilidad.

10

Mindfulness, atención
y el Yo soberano

L A parte «presencial» del Centramiento procede de la medita-ción budista. El primer ejercicio de este libro —Presencia Arraigada de la Atención (PAA)— tiene sus raíces en mis años de práctica y estudio con el maestro tibetano Chögyam Trungpa Rinpoche. En este capítulo investigaremos algunos de los principios que subyacen en esta arraigada presencia de la atención.

Mindfulness

Siguiendo las huellas de los ejercicios mente-cuerpo de Oriente, tales como el judo, el karate o el hatha yoga, que se popularizaron notablemente en Occidente en el pasado siglo, las técnicas orientales que se derivan del desarrollo del *mindfulness* se han convertido también en algo conocido y practicado globalmente en este siglo XXI. Este fenómeno es producto del extraordinario desarrollo experimentado en el campo de la neurociencia cognitiva.

Con la llegada de la técnica de la Representación por Resonancia Magnética funcional (fMRI, en inglés), y de otras nuevas tecnologías para la exploración del cerebro en tiempo real, se ha puesto de manifiesto científicamente la rapidez de la eficacia de estas prácticas. Dos libros, *The Mindful Brain* y *Mindsight*, del doctor Daniel Siegel, representan dos ejemplos excelentes de las obras más recientes sobre la descripción e interpretación de la nueva comprensión del mecanismo del funcionamiento del cerebro y del sistema nervioso, y de la manera en que los ejercicios de *mindfulness* pueden ampliar dicho funcionamiento.

Expresado de modo más coloquial, el término inglés *mindfulness* viene a significar «prestar atención», «atención plena», concentrarse en una determinada tarea, sin dejarse distraer por otros posibles estímulos. En el contexto de la meditación —o práctica *mindfulness*—, denota una cualidad particular de atención momento-a-momento, en el ahora.

John Kabat-Zinn, el propulsor de *mindfulness* en el cuidado de la salud, la define como «prestar atención de una determinada manera: sobre un propósito, en el momento presente y sin establecer juicios de valor[1].

El ejercicio, o la práctica, *mindfulness* consiste en sentarse serenamente tratando de fijar la mente en un determinado punto, por lo general, en el proceso de la respiración. Cuando los pensamientos, las sensaciones, los recuerdos, las emociones, y todo lo demás, surgen en la mente —como inevitablemente suele suceder—, el ejercicio consiste en tomar nota de lo que está pasando sin establecer ningún juicio, y volviendo a centrar la atención en la respiración.

A medida que el practicante realiza este ejercicio a lo largo de días, semanas o periodos de tiempo más prolongados, la tendencia natural de la mente a enredarse en un determinado pensamiento, o a saltar de un objeto de atención a otro, va debilitándose. La mente se torna sorprendentemente más tranquila; al principio solo de forma intermitente, pero con la práctica habitual esa serenidad y quietud se vuelve más persistente y mantenida. Al mismo tiempo se va haciendo más clara, como sucede con un agua embarrada cuyos posos se van sedimentando a medida que se la deja de mover. De este modo los contenidos mentales se perciben de manera más acusada, y se mejora la concentración.

Un elemento importante del *mindfulness* es la atención corporal, en la que nos damos cuenta de las diferentes partes, movimientos y texturas del cuerpo físico viviéndolas desde nuestro interior. El primer paso de la técnica, el *enraizamiento*, consiste en el «anclamiento» del cuerpo en la tierra; en la conciencia de su sustancia y peso corporal, y de su conexión sensible con el mundo exterior; como si se encontrase enraizado en la tierra y se sintiera sujeto a las leyes de la gravedad. El sentirse «enraizado» es el fundamento para experimentar una sensación de estabilidad, de equilibrio, de comodidad y rectitud física.

Concienciación *(awareness)*

Al tipo de *mindfulness* que se practica en la meditación budista se la conoce frecuentemente como «concienciación *mindfulness*», o concienciación presencial. Mientras que el término *mindfulness* es un estado en el que se adopta una determinada postura corporal, con la atención fija en algo concreto, el término *awareness* tiene que ver más concretamente con un estado de conciencia en sí misma.

Aunque este estado de *awareness* siempre que somos conscientes, puede existir también sin que se produzca el estado de *mind-*

fulness. Es algo parecido a lo que sucede cuando estamos atentos a la conducción de un vehículo; algo que tiene que ver con el encontrarse en un estado de «automatismo». Aunque no seamos conscientes de lo que estamos haciendo —girando el volante al tomar una curva, o frenando ante un semáforo en rojo— siempre nos encontramos en un estado de atención. Quizá no logremos recordar dicho estado, una vez pasado el momento, pero mientras estamos viviéndolo nuestra concienciación, nuestra *awareness,* funciona de forma muy precisa.

En el plano ordinario de concienciación *mindfulness* en el que se produce ese estado al que llamamos «atención plena», estamos fijándonos de forma deliberada en un objeto, o en una situación concreta. Cuando conducimos un vehículo de forma «concienzuda» estamos atentos a las características que presenta la carretera, al tráfico o al lugar que constituye nuestro destino. En resumen, nuestra mente está atenta a lo que hacemos.

Pero existe un plano superior, conocido como «metaconcienciación» (meta-*awareness*) en el que somos *conscientes de que estamos siendo conscientes.* Semejante estado de doble atención amplía nuestra claridad mental y suscita un tipo de percepciones más vívidas que nos permiten introducirnos en la auténtica naturaleza de las cosas. Y todavía existe una clase de metas-meta-concienciación, o «concienciación panorámica», que es como un vasto espacio de conciencia en el que los pensamientos, percepciones, emociones y sensaciones siguen apareciendo y desapareciendo, mientras que el espacio en sí mismo permanece de modo continuado y siempre presente.

Supongamos que va leyendo este libro mientras viaja en avión. Si su mente no está concentrada en la lectura quizá pueda ir pasando de palabra a palabra, de frase a frase, pero en realidad sin captar el auténtico significado de lo que lee, sino pendiente de otras cosas referentes; por ejemplo, del vuelo que está haciendo en ese momento. Este sería un ejemplo de nivel de atención automática *(awareness),* pero sin que en él se dé el estado de *mindfulness.* Pero si, por el contrario, se siente absorbido por la lectura y por el significado de lo que le dicen las palabras que está leyendo se encontrará en un estado normal de concentración *mindfulness:* su atención se habrá centrado en lo que dice el libro que tiene en las manos.

Pero todavía hay un estado que va más allá, en el cual usted se da cuenta de que está leyendo el libro mientras lo lee. Ahora está viviendo un estado de autoconciencia, o metaconciencia, de la actividad de la lectura. También puede ser consciente de que está leyendo ese libro mientras vuela en un avión. Si amplía su estado de conciencia todavía un poco más, puede unir esos dos niveles antes mencionados *más* otro nuevo: la realización de que «yo-leo-un-libro-mientras-me-encuentro-sentado-aquí-en un avión». Es algo así como si estuviera moviéndose a través del vasto espacio. Esta será una experiencia de «atención panorámica»; el estado de una mente que puede acomodarse a cualquier cosa. Y al igual que el inmenso cielo azul, es algo que está abierto, que es claro y no se ve disturbado por otros elementos. Pueden surgir ocasionalmente pájaros que cruzan ese cielo, nubes que se distinguen de forma vívida, pero ni unos ni otras logran interrumpir la vastedad del cielo. El segundo paso del proceso que hemos denominado PAA, *atención enraizada,* pretende instalarnos en un plano más panorámico de la conciencia.

La meditación *mindfulness-awareness* cuida esos tres planos de la atención: una clara concentración, una introspección de la situación que se está viviendo, y una atención panorámica. Con el tiempo los tres niveles se integran en un estado de conciencia muy potente, flexible, que vive el momento. Como explica Chögyam Trungpa Rinpoche: «Uno no está viviendo en el futuro, sino en el presente. La situación presente está abierta —también podría calificarse de "sólida"— y es real, definitiva y saludable. Existe en ella una apreciación de la riqueza del presente» [2].

«Vivir en el presente» nos lleva al tercer paso de PAA: la *presencia*. Esta es la sensación de una existencia básica en la que uno está atento y concienciado de que se encuentra aquí y ahora. Cuando experimenta esa cualidad de la presencia usted se encuentra aquí, en este momento, estando presente en sí mismo y para sí mismo. Se trata de una experiencia de la máxima simplicidad. Al mismo tiempo, se producen algunas preguntas fundamentales: ¿Quién es el que está presente? ¿Quién es consciente de que está consciente? ¿Quién es el que está teniendo esas experiencias? ¿Quién es usted? (¿quién soy yo?)

El yo soberano

¿Quién soy yo? Esta es la pregunta trascendental que ha preocupado y desconcertado a teólogos, filósofos, psicólogos y a todo ser humano, a lo largo de miles de años. René Descartes afirmaba la prueba de su propia existencia con la famosa aseveración: «Pienso, luego existo». Por otro lado, el Buda enseñaba la teoría del *anatman,*

del no ser, de la insustancialidad de lo que llamamos «Yo». Afortunadamente para el propósito de este libro, no tenemos que preocuparnos por el estatus filosófico o existencial del yo; más bien estamos interesados en las experiencias vivas que se refieren a lo que acostumbramos a denominar *Yo*.

Podemos considerar al «Yo», o al «mí mismo», como la fuente originaria en donde nacen nuestros pensamientos, sentimientos y percepciones. Es, en definitiva, aquello «de donde venimos». Sin embargo, si examinamos cuidadosamente nuestras vivencias nos damos cuenta de que ese punto de donde venimos puede ser muy diferente, según sean los diferentes momentos. El «sí mismo» que actúa en determinados instantes se parece más a un sí mismo parcial; a cierta versión del «mí» que responde a un conjunto determinado de circunstancias.

En los casos en que se producen múltiples trastornos de la personalidad, esos diferentes yoes pueden manifestarse como personalidades totalmente separadas. Por fortuna, la mayoría de notros no padecemos tal grado de desconexión interna, pero todos nos mostramos de un modo distinto en distintos momentos y según sean las circunstancias que vivamos. Y, por supuesto, todos vivimos conflictos internos: «Una parte de mí dese salir, pero otra prefiere quedarse en casa», pensamos en ciertas ocasiones.

Un sí mismo saludable, completo y bien centrado es capaz de reconocer y coordinar el funcionamiento de los múltiples y parciales sí mismos. Una forma de visualizar esto lo constituye el mandala, esa estructura circular que aparece de distintas formas en múltiples tradiciones. En el budismo tibetano, un mandala típico representa una deidad como rey —o reina— soberano, que se encuentra sentado en medio de un palacio que se halla en el centro de una ciudad amurallada la cual, a su vez, se encuentra en el centro del mundo. Rodeando la figura central están los distintos salones y patios del palacio; después vienen una serie de barriadas en donde residen los súbditos del rey; después aparece el paisaje, con sus correspondientes cadenas montañosas; por último, está el océano. Desde su trono, en el centro del mandala, el soberano observa atentamente todo cuanto sucede a su alrededor, protegiendo a sus súbditos para que estos puedan desempeñar tranquilamente los distintos trabajos que les han sido encomendados por la sociedad. El soberano, como líder poderoso e iluminado que es, encarna la visión, la autoridad, la responsabilidad, la benevolencia y la capacidad de obrar acertadamente.

De igual modo cada uno de nosotros posee un monarca interior, un Yo soberano, capaz de manifestar idénticas cualidades positivas. Cuando nos constituimos en nuestro propio Yo soberano es como si ocupáramos ese trono en el centro de nuestro sí mismo, de nuestra vida y de nuestro mundo. Nos encontramos en un estado de arraigada y atenta presencia, que se encuentra conectada y sabe reaccionar a todo nuestro entorno.

Chögyam Trungpa Rinpoche escribió un poema llamado «Tal vez te sientas cansado del puesto que mereces». Todos nosotros *merecemos* manifestarnos como soberanos de nuestro sí mismo; merecemos ocupar nuestro ser central. Pero esto requiere valor, atención, maestría y empatía con nosotros mismos. A medida que cuidamos nuestra percepción sensible como un recurso interior de vital importancia estamos fortaleciendo, al mismo tiempo, el *Yo* soberano como nuestra sede central de conciencia y capacidad de respuesta. Este soberano interno es la fuente de la recta acción; de esas acciones que sentimos que son plena y profundamente correctas.

Al realizar los ejercicios que se presentan en este libro, y que le sirven a usted para cuidad su capacidad de autoempatía, de auto-atención y de crecimiento personal, usted también está desarrollando su *Yo* soberano; es decir, su capacidad para actuar en la vida con claridad, confianza, afecto, responsabilidad y destreza.

11

La profunda naturaleza del proceso vital

E N este siglo XXI hemos oído hablar mucho acerca de la conveniencia de acelerar los cambios en, prácticamente, todos los aspectos de la vida.

En 2013, al inicio del segundo mandato como Presidente de Estados Unidos, el columnista del *New York Times*, Tom Friedman, hacía la siguiente advertencia:

> Obama necesita explicar a los americanos el mundo en que actualmente están viviendo. Es un mundo en el que la incesante velocidad de la globalización y de la revolución propiciada por la revolución tecnológica está remodelando cada trabajo, cada puesto laboral y cada industria. A consecuencia de todo esto ya no funciona el conocido mantra de que «si trabajas duro y cumples las normas» puedes confiar en situarte en una digna clase media. En la actualidad necesitas trabajar más duramente, ser más listo, aprender y reaprender más deprisa, y durante más tiempo, para lograr ese mismo nivel de vida.

Junto a ese imperativo externo que Friedman describe, sentimos como individuos un imperativo interno de cambio personal si pretendemos tener una salud aceptable, unas relaciones satisfactorias y un cierto sentido de habernos realizado en la vida. Pero, ¿a qué viene ese incesante redoble de tambores del cambio, cambio y cambio? ¿Qué hay de malo en seguir estando como estábamos?

La paradoja del cambio

Desde un cierto punto de vista no parece que haya nada de malo en seguir como siempre. Además, seguir siendo lo mismo constituye la clave de nuestra supervivencia. Para seguir viviendo necesitamos mantener la integridad de nuestro organismo y de todos sus procesos fisiológicos, como pueden ser la respiración, la circulación sanguínea y la digestión de los alimentos; todos esos procesos necesitan mantenerse siguiendo sus mismas pautas, una y otra vez.

Sin embargo, cuando miramos la cosa más de cerca, observamos que cada uno de estos procesos vitales incluye un continuo cambio. En la respiración, por ejemplo, inhalamos el aire que luego expulsamos. La circulación consiste en oxigenar una sangre que desde los pulmones llega a todas las partes del cuerpo; una sangre que, posteriormente, se desoxigena retornando por las venas y el corazón a los pulmones para expulsar el dióxido carbónico y poder, así, recoger el oxígeno existente en la atmósfera. El proceso nutricional, por su parte, requiere que hagamos una ingesta de alimentos, que los mastiquemos debidamente y los digiramos, procediendo de este modo a la absorción de los elementos nutrientes en el estómago y eliminando, posteriormente, los residuos.

Cada proceso respiratorio, circulatorio y digestivo es, funcionalmente, «el mismo» y sirve a los mismos propósitos básicos; pero los ciclos no son iguales. En cada ocasión el modelo se ve sutilmente modificado por las particularidades del momento, tanto externas como internas. Y, por supuesto, todos los diferentes procesos corporales están interactuando y afectándose mutuamente. Dicho de otro modo: cada proceso biológico es un patrón de cambio que, en sí mismo, está modificándose momento a momento. Una roca puede seguir ahí durante siglos o milenios sin hacer otra cosa que el mero hecho de estar presente, pero un ser vivo tiene que cambiar continuamente si quiere sobrevivir.

Como escribió William Butler Yeats, en su gran poema «Pascua 1916»:

> El caballo que pasa por el camino,
> el jinete que lo monta.
> Los pájaros que vuelan de una a otra nube
> minuto a minuto, todos van cambiando

He aquí la hermosa paradoja de la vida: los seres vivientes han de cambiar a fin de continuar existiendo. O, dicho de forma más precisa, los seres vivientes tienen que cambiar, a fin de continuar siendo *ellos mismos*.

Los biólogos Humberto Maturana y Francisco Varela introdujeron la teoría de la *autopoiesis*, término griego que significa «autohacerse». La vida es, pues, un continuo proceso de autohacerse. Es algo que está cambiando continuamente para poder seguir siendo lo mismo.

La interacción primera

Profundicemos ahora un poco más en esto, siguiendo las pautas que nos marca Eugene Gendin.

Al igual que lo afirmado por Maturana y por Varela, también Gendlin entiende a los seres vivos más como procesos que como cosas. Uno de los conceptos fundamentales de su «Filosofía de lo implícito» es lo que denomina «interacción primera».

Cualquier elemento viviente, desde un virus a un ser humano es, en primer lugar, y sobre todo, un continuo proceso interactivo, consigo mismo y con el entorno que lo rodea. Aunque, por lo general, creemos que las plantas y los animales son unidades autónomas que interactúan con un entorno preexistente, Gendlin afirma que lo contrario también es verdad. La vida es un proceso único e integrado que genera, al mismo tiempo a los seres vivos y a su entorno.

Esto no quiere decir que no exista un entorno externo independiente de nosotros —ya sabemos que la vida es tan solo un desarrollo muy reciente en la historia del universo—, pero significa que el entorno *tal como lo experimentamos* constituye un producto de nuestra forma particular de experimentar el proceso de la vida. Los perros, por ejemplo, han evolucionado de manera que pueden percibir sonidos que resultan inaudibles para el ser humano; las aves migratorias vuelan siguiendo los campos magnéticos que circundan la Tierra, y que tampoco son perceptibles para nuestro organismo. Y así sucede con otras muchas cosas.

La «primera interacción» significa también que en la relación que mantenemos con los demás —y esto sucede de una manera un tanto sorprendente— la relación es «previa» a las relaciones que puedan existir entre los individuos. ¿Cómo es esto posible? El sentido común nos dice que cuando nos topamos por primera vez con una persona desconocida, ambos hemos estado viviendo en el mundo durante un determinado número de años, mientras que la posible relación que se establezca entre los dos es sencillamente el principio de esa relación.

Pero si examinamos con detenimiento nuestra experiencia real descubriremos que lo que se pone de manifiesto en cualquier relación viene determinado —creado, realmente— por lo que la otra persona «pone de relieve» en nosotros, valga la expresión. Es algo parecido a lo que sucede en una interacción química: el hidrógeno y el oxígeno son dos gases invisibles; sin embargo, si ambos gases se unen forman el agua, un líquido visible palpable y degustable; algo que no parece tener nada en común con los dos elementos previos que la forman.

Los seres humanos no nos transformamos de modo tan radical en nuestras relaciones (si bien en ciertas ocasiones especiales pudiera parecer que asó es), pero quienes somos y lo que somos está siempre en función de nuestra relación personal con aquello con lo que estamos interactuando. Nos guste o no, vivimos gracias al cambio y al ser modificados por nuestras continuas y siempre variables interacciones.

«Pasando página»

Nuestras necesidades básicas: oxígeno, alimento, calor, seguridad, relaciones, amor y todo lo demás son funciones de nuestra naturaleza como seres vivientes. Pero Gendlin nos dice que la forma en que confluyen esas necesidades no está predeterminada. Lo que llamamos una «necesidad» se podría entender mejor como un proceso vital que implica cierta *dirección* de cambio. Las formas potenciales para movernos en esa dirección concreta, y los posibles pasos que pueda dar el organismo para lograrlo, son infinitos. Cuando se produce algo en el entorno de un organismo que «se enfrenta» a su correspondiente dirección de cambio, el proceso de la vida es capaz de modificarse y de seguir adelante. En la terminología de Gendlin, ese proceso es capaz de «pasar página». Si no hay nada en el entorno que le ayude a encontrar la dirección implicada, la necesidad permanece inmutable y se queda en el cuerpo como un «proceso detenido».

Hemos visto anteriormente que un ser vivo debe estar cambiando continuamente para seguir siendo el mismo, para mantener su propia identidad. Cuando un proceso queda detenido le resulta imposible realizar esos cambios y, por consiguiente, es incapaz de mantener su propia integridad, es decir, su salud y bienestar.

Algunas de estas detenciones resultan fatales. Por ejemplo, si no podemos respirar, o la sangre deja de fluir por nuestro organismo, morimos en cuestión de minutos. En el caso de que no consigamos alimento el proceso dura algo más pero termina de igual modo. No obstante, muchas de esas detenciones no tienen por qué resultar fatales. Producen cierto grado de disfunción, pero el organismo es capaz de seguir viviendo, creciendo en torno, o sobre poniéndose, a esa detención. Algunas veces la disfunción puede resolverse mediante otros medios. Pongamos el ejemplo de un miembro artificial: el de una pierna ortopédica. Como es lógico, la pierna original no puede restaurarse tal como era, pero puede sustituirse por una prótesis que le permitirá al individuo seguir realizando el proceso funcional del *caminar*.

Un ejemplo especialmente llamativo de un proceso de detención que se pudo sustituir mediante mecanismos artificiales —el llamado «síndrome del miembro fantasma»— es el desarrollado por V. S. Ramachandran, de la Universidad de California, en San Diego.

Muy frecuentemente, las personas que han perdido un miembro siguen teniendo una sensación como si el miembro perdido siguiera existiendo. Ramachandran fabricó una sencilla caja dividida en dos por un espejo. La caja estaba abierta por la parte superior y tenía asas a ambos lados del espejo.

Es el mismo Ramachandran el que nos cuenta lo sucedido:

> Le pedí a Phillip que colocase su mano derecha en la caja, en el lado derecho del espejo, e imaginara que su mano izquierda (la «mano fantasma») estaba en el lado izquierdo.
>
> —Quiero que muevas tu mano derecha y tu mano izquierda simultáneamente —le indiqué.
>
> —No puedo hacerlo —dijo Phillip—. Me es posible mover el brazo derecho, pero el izquierdo está como congelado. Todas las mañanas cuando me levanto intento moverlo, porque está en una posición extraña; y pienso que si lograra cambiarlo de posición, aunque fuera un poco, tal vez pudiera aminorar el dolor que siento en él. Pero —siguió diciendo mientras miraba su miembro inexistente— nunca he podido hacer el más mínimo movimiento con él.
>
> —De acuerdo, Phillip, pero sigue intentándolo de todos modos.
>
> Él giró el cuerpo, y con un movimiento de hombros trató de «insertar» el miembro «fantasma» en la caja. Después, colocó la

mano derecha en el otro lado del espejo, e intentó sincronizar los movimientos. Al mirar el espejo se quedó un momento anonadado. Después, no pudo contener un grito de alegría:

—¡Oh, Dios mío! Oh Dios mío, doctor! ¡Esto es algo increíble, es algo que me deja alucinado! —Y se puso a dar saltos como un niño—. ¡Parece como si mi brazo izquierdo se hubiera conectado de nuevo, como si estuviera como antes! Como si todos los buenos recuerdos del pasado volvieran de nuevo a mí. Puedo mover el brazo otra vez. Siento mi hombro y mi muñeca. ¡Todo tiene movimiento de nuevo! [1]

El espejo había creado la ilusión perfecta de que su brazo izquierdo se movía del mismo modo que lo hacía el derecho, eliminando en su cerebro aquella sensación de parálisis y de dolor, y permitiéndole experimentar nuevamente el movimiento de su brazo, al tiempo que le traía a la mente los recuerdos de la infancia, cuando no padecía limitación alguna en el brazo dañado. Debido a que *todo* su proceso corporal se había implicado en el movimiento de su brazo izquierdo, la ilusión proporcionada por el espejo hizo que el cerebro de Phillip lograra «poner al día» aquel brazo. Los hasta entonces congelados circuitos neuronales y la manifestación fisiológica del proceso de parálisis se liberaron repentinamente, haciendo que el brazo que había estado dañado durante tanto tiempo volviera a tener vida en el presente, aunque fuera de manera virtual.

En este sorprendente ejemplo, los espectaculares resultados conseguidos no se produjeron debido a un determinado esfuerzo consciente por parte de Phillip. Su cerebro tuvo que ser engañado para que volviera a funcionar el mecanismo neuronal. Sin embargo, la gran contribución hecha por Eugene Gendin consiste en haber sabido identificar un método exacto, si bien sutil, mediante el cual muchas clases de procesos de paralización pueden reconocerse y liberarse gracias a un tipo especial de esfuerzo consciente. Gendin desafió el clásico paradigma freudiano de considerar al inconsciente como un sistema que se siente atemorizado por monstruos psíquicos. Reemplazó esta teoría por un nuevo paradigma en el que todos los «movimientos» que han sido relegados al inconsciente se pueden reconocer como parte del *cuerpo viviente*.

El cuerpo *plasma y se halla* en todas las actividades y direcciones necesarias para facilitar su supervivencia, como organismo viviente que es. Para Gendin estas direcciones no se encuentran escondidas en alguna parte, sino que siempre se hallan *implícitamente* presentes en nuestra experiencia de momento-a-momento. Debido a que son implícitas, y no explícitas ni manifiestas, no resultan objetos reconocibles por nuestra atención a la manera usual. Pero esto no significa que sean totalmente invisibles, o que no puedan experimentarse. Están presentes y accesibles a la experiencia, pero a un nivel inferior que no puede detectar el radar de nuestra atención consciente.

Tanto filosófica como psicológicamente todas las cosas que constituyen nuestra conciencia ordinaria de la realidad —las percepciones sensoriales, los pensamientos y las emociones— constituyen creaciones virtuales de nuestra biología. Los recientes descubrimientos de la neurociencia están arrojando luz sobre esta virtualidad, o insustancialidad, de la experiencia consciente (y confirmando, al mismo tiempo, muchas cosas propuestas por el budismo y otras sabias tradiciones que han venido dando sus enseñanzas a lo largo de milenios). Nuestra experiencia del mundo es casi indirecta.

Sin embargo, y paradójicamente, el nivel implícito de lo que no se ha manifestado —y, por consiguiente, todavía no se ha formulado— de las experiencias vividas es *directo*. Se trata de nuestro propio proceso vital; el cual, aunque sutil, puede ser experimentado en todo momento como una textura no muy clara, pero palpable, del ser viviente. En su obra filosófica Gendin llama a este proceso «el referente directo». Para que nos entendamos: es el sinónimo de lo que llamamos «percepción sensible».

La percepción sensible —o Centramiento, como lo denomina Gendin— es la capacidad de traer a la conciencia procesos corporalmente detenidos, y poder interactuar con ellos. Adviértase que el término *detenido* tiene aquí una connotación tanto positiva como negativa, porque hace referencia a un proceso que, si bien no está sucediendo realmente, continúa estando *implicado*. La correcta dirección que toma el organismo sigue presente como una forma no conceptual, y todavía no aclarada, de necesitar/saber la clase de objeto, o de comportamiento, que le permitiría reanudar su proceso vital. Cualquier proceso detenido, aunque sea incapaz de seguir adelante en el momento actual, continúa implicando interminables maneras que *podrían* seguir adelante; incluyendo maneras que nunca habían existido anteriormente.

El Centramiento es una técnica diseñada específicamente para traer a la conciencia la dirección que se encuentra implicada en todo proceso vital, en la forma (informe) de percepción sensible. De este modo, y con su ayuda, nuestra capacidad superior puede funcionar para dar sentido a las cosas. Lo que hace tan poderosa, y tan importante, a la percepción sensible es nuestra continuada super-vivencia como especie; su habilidad para conectar con diferentes niveles del proceso de la vida. Se trata de una nueva capacidad humana que aparece precisamente en este momento crucial de la Historia, para hacer que los componentes reptilianos, mamíferos y humanos de nuestro organismo puedan hablar entre ellos y trabajar de manera más conjunta.

Segunda parte

Avanzar en la vida

12

De la introspección a los pasos activos

E N la primera parte de este libro hemos detallado una serie de ejercicios destinados a establecer los conocimientos básicos necesarios para descubrir la percepción sensible. En los dos próximos capítulos veremos brevemente una parte de la teoría que subyace en el método del Centramiento presencial, añadiendo los conceptos clave del «yo soberano» y del «seguir adelante». Ahora ya nos encontramos preparados para ver las aplicaciones prácticas de esta técnica, en determinados aspectos de nuestra vida diaria.

La percepción sensible resulta más provechosa cuando genera introspecciones y pasos activos que nos permiten establecer la debida alineación con nuestros valores más profundos. ¿Cómo nos será posible trasladar la información y la inspiración necesarias para que usted, lector, pueda recibir y adecuar la percepción sensible, y dar los pasos necesarios en situaciones concretas, como pueden ser sus relaciones personales, su situación laboral u otros aspectos de la vida diaria?

Estoy escribiendo este capítulo durante un retiro en Colorado Rockies, Shambala Mountain Center, en donde voy a quedarme una semana para dedicarme a la meditación y a la redacción de estas páginas, se encuentra en una hermosa pradera cubierta por hermosos pinares, rodeada de colinas boscosas y cumbres escarpadas. Vine aquí por primera vez hace cuarenta años, cuando era todavía un joven estudiante de budismo. Y ahora siento una mezcla de nostalgia y bienestar al encontrarme de nuevo en este mágico lugar.

Pero ha surgido un problema: No sé dónde puede encontrarse el borrador de los dos capítulos que quisiera escribir mientras esté aquí. Creo recordar que me envié un correo a mí mismo antes de salir de casa. Al pensar en ello, siento como una especie de opresión en el pecho que me dice algo así como: «Eres un patoso incorregible. Está claro que has liado una buena. Además, debieras haberte cerciorado de que te enviabas esos archivos antes de marcharte de casa». No hay duda de que mi crítica interna acaba de hacer su aparición.

Al aceptar, lo mejor que puedo, esta llamada de atención que me hago a mí mismo, compruebo que esa crítica todavía tiene algo más que decir: «Nunca tendrás éxito en la vida, porque siempre te estás metiendo en líos, ya sea de una forma o de otra. ¡Eres un completo incompetente!».

Pero en lugar de ponerme a la defensiva, acepto sin rodeos y con atención el dolor y la crítica que me hago. Al cabo de un rato me doy cuenta de que ha aparecido en mí una sensación más vulnerable que viene a decirme: «Creo que suelo cometer esta clase de errores. Sé que he venido a este sitio tan especial para hacer el trabajo que pretendía, y que desgraciadamente no voy a poder llevarlo a cabo».

Al pensar de ese modo, la dolorosa opresión que antes sentía parece atenuarse un poco, y se convierte en una sensación de tristeza y desilusión. Ahora, en vez de denigrarme («¡Eres un patoso incorregible!») soy capaz de sentir un poco de autocompasión; algo así como: «Sí, es cierto. Tiendo a cometer esta clase de errores; y también es cierto que eso es algo que resulta muy frustrante».

Acabo de darle a la crítica un poco de (auto) empatía. Y trato de investigar la cuestión lo más serenamente que puedo:

> Yo: ¿Por qué te preocupas? ¿Qué es lo peor que te puede pasar?
> Crítica interna: No ser capaz de dar la talla.
> Yo: ¿Y cómo me sentiría físicamente si pudiera dar la talla?
> CI: Brillante, con autoridad, capaz de equipararme con los amigos y con los colegas que admiro. Capaz de contribuir a una labor y ser reconocido. Capacitado también para ocuparme del tema siguiente.

Ahora percibo cierta tristeza interior que parece decirme: «Esto me resulta familiar». Es como un dolor tenue que va de la garganta hasta el estómago.

Una vez sentido este aparente punto muerto, ¿qué puedo hacer para emplear mi tiempo de una manera productiva? Necesito dar un paso activo *. La primera cosa que se me viene a la mente es enviar un email a mi esposa y pedirle que me envíe los archivos que me faltan. Pero esta idea no me parece demasiado acertada, porque ella está muy ocupada con su trabajo y, además, le resultaría difícil localizar los archivos en el ordenador que dejé en casa.

---

* Sería más acertado decir «Esto es lo que quiero y lo que voy a escoger...». Por supuesto que también hubiera podido escoger quedarme con «aquel dolorcillo», o con el recuerdo de mi «brillantez y capacidad de trabajo». La técnica de centrarmiento es un proceso activo que incluye el tomar decisiones sobre cómo vamos a emplear nuestro tiempo.

Recuerdo que tengo en mi poder una visión de conjunto del libro que estoy preparando para enviársela al editor, en la que se incluye un índice con una breve descripción de todos los capítulos. Tal vez, en lugar de emplear este tiempo para terminar los capítulos que todavía están en borrador, pudiera trabajar en los que todavía no he empezado. Reconsidero esta posibilidad durante un momento, contrastándola con mi percepción sensible. ¿Hay algún inconveniente en que me ponga a trabajar en los capítulos todavía inéditos? Aunque todavía siento algo de inseguridad ante esta idea, también me doy cuenta de que los nuevos capítulos no dependen de que haya concluido los anteriores. Cuando vuelva a casa ya concluiré los que tengo en el borrador. Sí, eso me parece una buena idea, así que me propongo trabajar en los últimos capítulos.

Pero el hecho es que me siento un poco ansioso sobre lo que pueda escribir en esta segunda parte del libro. Tengo dudas sobre lo que tenga que decir y sobre la adecuación de los ejercicios que ponga, si serán los más acertados o no. Pero aquí estoy, en este precioso y estimulante lugar; y, en definitiva, me dispongo a seguir con el mejor ánimo la redacción de mi obra. Curiosamente, mi inmediato paso activo es escribir un capítulo sobre los nuevos pasos que hay que dar, sobre los pasos activos. En el fondo la cosa me parece muy acertada. Encuentro un sentido de adecuación en lo que voy a escribir y eso me produce una nueva energía.

Este ejemplo —que pertenece a mi propia experiencia— de dar un paso activo puede parecer algo irrelevante: se trata de saltarme unos capítulos en la redacción de la obra, lo cual incluso me parece bastante obvio, y una buena solución para el problema que se me ha presentado. Pero no lo sentía así antes de consultar con mi percepción sensible. Por el contrario, en esos momentos me invadía un sentimiento

de frustración y de incompetencia, al no poder seguir la redacción del libro tal como la había planeado en un principio. A esto había que añadir el sentimiento de culpa que vivía por no haber enviado una copia del proyecto. De no haber reflexionado sobre el tema, y haber dedicado un tiempo al Centramiento presencial, seguramente habría optado por llamar a mi esposa, interrumpir su trabajo, intentar explicarle en donde podrían estar los archivos que había olvidado, y todo lo demás. Tal vez la cosa hubiera podido funcionar, al fin y al cabo; o, tal vez, todo hubiera sido una pérdida de tiempo para los dos. En cualquier caso, hubiera perdido la oportunidad *implícita* de contactar con la profunda y grata sensación de encontrarme en este espléndido lugar de las montañas de Colorado, y de vivir la estimulante energía que me produce el ponerme a escribir la segunda parte del libro.

He de advertir que a fin de poder seguir adelante con el proyecto me ha sido necesario tomar dos decisiones: encontrar el nuevo paso que he de dar y liberarme del apego al plan original. *Apego* representa en este caso una palabra muy reveladora, ya que pone de relieve de forma muy precisa que nuestras intenciones en la vida son tanto físicas como mentales. Era necesario que me diera cuenta de que mi cuerpo se había sentido apegado a unas determinadas circunstancias de las cuales convenía que me liberase para seguir avanzando en una dirección distinta. El consultar mi percepción sensible me concedió la energía suficiente para cambiar el antiguo proyecto y dar el nuevo paso.

Ejercicio 12.1
Encontrar el nuevo paso correcto

Interiorice la atención. Piense en aquellas determinadas situaciones que le han exigido dar un nuevo paso. Contemple durante un rato cada una de esas situaciones y deje que, después, su percepción sensible le ayude a decidir cómo ha de profundizar en cada una de ellas; ya sea aquella que resulta más inminente o aquella otra en la que se siente más estancado.

Tómese el tiempo suficiente para revisar con más detalle los aspectos de esa situación, dejando que la trabaje su percepción sensible. Cuando se sienta dispuesto, hágase las siguientes preguntas:

- ¿Cuál es la mejor forma para que pueda avanzar en esta situación?
- ¿Qué es lo que requiere o necesita ahora esta situación?
- ¿Cuál sería el nuevo paso correcto que debo dar?

A medida de que, posiblemente, le vengan a la mente esos nuevos pasos que ha de dar, constate con su percepción sensible toda la situación. ¿Son los pasos adecuados?¿Deja inconcluso algún aspecto de la situación al darlos? ¿Hay algo que, al actuar así, interfiera en el nuevo paso que ha de dar? ¿Se siente bien al dar ese nuevo paso, le aporta energía e inspiración?

Sea prudente y no muestre demasiada ambición en los pasos que haya de dar. Esas decisiones que se suelen tomar al empezar un nuevo año como, por ejemplo, «Voy a perder quince kilos de peso», o «Voy a dedicar una hora diaria a hacer ejercicio», tienen muchas probabilidades de fracasar. Trate de encontrar ese nuevo paso que le lleva a realizar el propósito que se ha propuesto, pero que, al mismo tiempo, le resulte realizable. Directrices «realizables» son:

- ¿Es concreto el paso que me propongo dar?
- ¿Puedo ver claramente cuándo, dónde y cómo lo he de dar?
- ¿Puedo realizarlo en un futuro próximo? (Si no se puede hacer en menos de una o dos semanas, trate de buscar un paso que requiera menos tiempo).

Por último, establezca el propósito adecuado para dar el correspondiente «paso de acción». Véase dándolo en realidad y constatando con su percepción sensible la conveniencia del mismo y comprometiéndose a hacerlo.

Con frecuencia la clave del éxito consiste en dar pequeños pasos. Al abarcar no más de lo que pueda hacer está aumentando las posibilidades de tener éxito, y de establecer el momento oportuno para dar el próximo paso. Pero no se asuste si eso le pide hacer un pequeño esfuerzo. En ocasiones el tomar una decisión —el dar un paso activo— resulta algo honesto y fácil de hacer; pero con frecuencia el dar ese paso, que le ha sido presentado por su percepción sensible, le obligará a adoptar una posición un tanto incómoda, porque le hará sentirse distinto a como hizo las cosas siempre en el pasado. Esta clase de retos producen en ocasiones una cierta excitación: usted está obrando de una manera que afecta a su situación normal; y de este modo es necesario que se cambie *a sí mismo* al hacerlo. En realidad son pasos que fomentan el crecimiento personal.

13

Atención profunda

AL encontrar esos pasos que nos llevan a avanzar adecuadamente en nuestra vida, estamos modificando de algún modo todos los temas importantes que nos permiten avanzar asimismo en nuestras *relaciones* con los demás.

Las relaciones nos sirven para saber situarnos y poder ahondar en la experiencia de lo que significa ser humanos, descubrir nuestros sentimientos y hallar nuestro verdadero centro. Pero, al mismo tiempo, las relaciones personales también nos ponen a prueba, nos sacuden, revuelven un poco las aguas y nos hacen salir de la comodidad, de la zona confort, en la que vivíamos. (He oído decir que el matrimonio es un largo viaje hacia el descubrimiento de quién es uno en realidad; aunque muchas veces nos moleste que alguien insista demasiado en decírnoslo.)

Las relaciones que están vivas pasan, inevitablemente, por etapas de tensión y de enfrentamiento, debido a las diferentes necesidades y actitudes surgidas en las personas que están involucradas en ellas.

Las relaciones auténticas se construyen y renuevan a través de repetidos ciclos de rupturas y reencuentros. Durante las rupturas nos volvemos hacia nosotros mismos, y nos enfrascamos en reconocer nuestras necesidades y defectos. Nos enfrentamos también ante distintas opciones: la de sentirnos víctimas, y la de ver al otro como un ser egoísta y dañino. O reconocer nuestras necesidades de forma más clara; y, también, las diferentes necesidades del ser humano, como elemento único y diferente. Esta visión requiere una clase de empatía bifocal: una empatía cercana hacia nosotros, y lejana para los demás. Esta doble empatía establece los fundamentos del reajuste personal. En realidad, el término *resensibilización* es más apropiado que el de *reajuste*. A diferencia de ese automóvil que necesita ser reparado, la relación reajustada no actúa de la misma manera. En vez de eso, es necesario que algo se vea plenamente transformado: la conexión humana crece entonces de forma más profunda, más fuerte, más cariñosa y menos autoprotectora.

La relación y el yo evolucionado

Cada uno de nosotros somos seres únicos. No obstante, nos hacemos únicos solamente *en relación* con los demás. Un niño pequeño, cuya experiencia como ser vivo en el mundo empieza sin establecer diferencias entre él y los demás, en un estado en el que no existe un «yo», un «tú» y un «ello», tiene que ir aprendiendo a diferenciarse como ente individual y separado del resto. En el centro de este proceso se encuentra la relación entre el niño y su principal cuidador. La madre sintoniza con su hijito atendiendo a su llanto de petición cuando hay que darle alimento, mirándole con cariño, con amorosos gestos y caricias. Todo ello hace que el pequeño vaya construyendo paulatinamente un modelo interno de sí mismo, como individuo separado de los demás, con los cuales (y con el entorno que le rodea) empieza entonces a interactuar. De este modo, durante sus primeros años de vida, los niños empiezan a aprender a diferenciarse del resto, y a armonizarse y sintonizar su conducta con la de los demás.

Este proceso de diferenciación y de armonización no concluye en la infancia. Prosigue a lo largo de toda la vida hasta llegar a la misma vejez e, incluso, se mantiene en los momentos finales de la existencia. Se va creando así un ritmo de ruptura y re-ajustamiento que resulta fundamental para mantener nuestras relaciones y los cambios que se vayan produciendo a lo largo de la vida. Las rupturas son inevitables pero hemos de cuidar y proteger la capacidad de reajuste. Según afirma el psicólogo Daniel Siegel:

> Cuando nos sintonizamos los unos con los otros estamos permitiendo que cambie nuestro mundo interior para mejor sintonizar con el mundo interior de la otra persona. Esta resonancia constituye la parte más importante de la «percepción sensible» que surge en las relaciones íntimas. Los niños necesitan sintonizar para sentirse seguros y poder desarrollarse adecuadamente; y a lo largo de nuestra vida necesitamos esa clase de sintonía para sentirnos más cerca y más conectados con los demás. [1]

En aquellas ocasiones en que se produce una ruptura resulta difícil mantener un estado de empatía con uno mismo y con la otra persona. La buena noticia es que al cuidar la capacidad de sentir empatía por uno mismo —como hemos venido haciendo en los ejercicios explicados hasta este momento—, ese sentimiento fortalece nuestra capacidad para sentir empatía por los demás. Como dijo de forma muy sucinta Martin Luther King, Jr.:

> La manera acertada de amarse a uno mismo, y la manera acertada de amar a los demás son interdependientes. [2]

Atención profunda

Lo que nos distingue a los humanos de otras formas de vida es el uso de una compleja comunicación simbólica necesaria para poder llevar a cabo las actividades que constituyen nuestra vida. Aunque la sintonía interpersonal se produce de modo más inmediato en el contacto directo interpersonal —el que tienen los padres con sus hijos y, más adelante, el que tienen los amantes entre ellos—, el intercambio verbal es el elemento que predomina en la mayoría de nuestras vidas. De acuerdo con esto, el factor primordial de la sintonización con los demás se basa en la capacidad que podamos tener para escuchar y atender al otro.

La atención profunda significa atender *desde* lo más profundo que hay en uno *hacia* lo más profundo que hay en la otra persona. Al centrarnos en nuestra profunda y arraigada atención, podemos extender sin dificultad esa atención a los demás, catalizando la capacidad que la otra persona pueda tener para percibir su propia percepción sensible. De esta suerte será posible que salgan a flote y se manifiesten aquellos sentimientos que, como sucede con la confusión o la vulnerabilidad, se han mantenido soterrados hasta ese momento. La catálisis más elemental no consiste en hacer preguntas o dar respuestas, sino en nuestra capacidad para escuchar y atender. Nuestra mera presencia, ofrecida sin mostrar intereses personales (ni siquiera el deseo de «ayudar»), provoca un espacio saludable y enriquecedor que le sirve a la otra persona para profundizar en sus propios sentimientos, y poder así manifestarlos.

La mejor manera de desarrollar la atención profunda es sencillamente la de escuchar en silencio mientras la otra persona comparte con uno aquellos pensamientos y sentimientos que le son más importantes. A esto le llamo «simple atención».

En el próximo ejercicio necesitaremos de la colaboración de una persona, que bien puede ser un amigo, para que en la conversación que se mantenga entre ambos, uno se limite exclusivamente a escuchar en silencio mientras el otro habla, y viceversa.

Cuando le toque empezar a usted, puede explicar a la otra persona que no está tratando de buscar ningún tipo de consejo, ni de darlo, sino que lo único que va a hacer es estar presente con la mejor voluntad mientras expone su tema, observándose en lo que está diciendo y analizando los sentimientos que tal observación le está produciendo.

Cuando le toque el turno a su compañero, si este no estuviera familiarizado con el método del Centramiento, usted puede sugerirle que emplee el tiempo de su turno sencillamente «pensando en alto» sobre el problema que en ese momento esté viviendo, mientras usted le escucha sin hacer el menor comentario.

Esta forma de escuchar en compañía se utiliza mucho en Centramiento. La pauta a seguir en el ejercicio es que tanto usted como su compañero establezcan previamente el tiempo que van a dedicar al ejercicio, y lo dividan de forma equitativa entre los dos. Como norma general, el «escuchador» se encarga de controlar el tiempo empleado por el «parlante», en su exposición, y le hace una señal cuando falta un minuto para que termine su exposición.

Una observación importante: Hasta que ambos participantes en el ejercicio no hayan adquirido la suficiente destreza en el estado de atención profunda, se han de evitar las situaciones recíprocas que tengan que ver entre ellos. Con esto se trata de impedir que el que desempeña el papel de «escuchador» se pueda sentir tentado a intervenir en lo que su compañero diga respecto a alguna situación que le concierne, o que concierne a ambos.

La atención profunda puede constituir un elemento sumamente clarificador en las relaciones personales —ya se trate de amigos, de compañeros o de miembros de una pareja sentimental—, pero es conveniente que, en un primer estadio, la exposición se limite exclusivamente a lo que atañe al que está hablando. En el capítulo siguiente expondremos una versión modificada de este ejercicio, en el que puede existir un diálogo sobre temas que conciernan a ambos participantes.

Ejercicio 13.1
Simplemente escuchar o prestar atención

Siéntese de forma confortable y lo suficientemente cerca y frente a su compañero para que pueda captar su lenguaje no verbal, como puede ser la respiración, la postura, etc. Decidan los dos quién va a hablar en primer lugar. Hágale saber a su compañero que cuando usted sea el que escucha su papel se limitará a atender a lo que oye, sin hacer preguntas ni dar respuestas; y que será bueno que, de vez en cuando, se establezca alguna pausa por parte del que está hablando.

Se ha de establecer la norma de que cuanto se diga en el ejercicio ha de tener un carácter de confidencialidad. Esta confidencialidad quiere decir que cuanto oiga el que escucha no solamente no lo dirá a una tercera persona, sino que tampoco lo comentará con su compañero, una vez finalizado el ejercicio. Esto es muy importante para que ambos participantes se sientan más libres a la hora de exponer el tema que les atañe. (En el caso en que se decida hablar de ello posteriormente, se podrá sacar a colación el tema expuesto, pero ya en otra conversación.)

Establézcase previamente el tiempo que se ha de dedicar al ejercicio. Yo aconsejo que al principio se hagan sesiones de cinco minutos que, posteriormente, se podrán ampliar cuando ambos participantes se sientan más familiarizados con el ejercicio. El participante que desempeña el turno de «escuchador» tiene la responsabilidad de controlar el tiempo de exposición de su compañero, y de avisarle cuando falta un minuto, o cuando el tiempo de exposición ya se ha acabado.

Es conveniente que ambos participantes adopten una actitud de presencia atenta. En el caso de que uno de los dos sea el único que conoce los tres pasos del PAA debe mencionárselos a su compañero. También se puede empezar el ejercicio guardando un minuto o dos de silencio. Después, el que desempeña el papel de escuchador debe invitar a su compañero a que empiece a hablar. Cuando sea usted el que hable, trate de mantener los ojos cerrados o con la mirada baja. Con esta actitud se rompe el mecanismo de una conversación convencional, del tipo «Como te estoy diciendo…, etc.» y se adopta una forma más interiorizada de exposición.

Tras haber recibido la señal de que solo dispone de un minuto para terminar, el que tiene la palabra debe dar por concluida su intervención, en la certeza de que todavía quedan muchas cosas por decir, pero que estas se dirán en un turno posterior. Así pues, el «parlante» concluye su tiempo agradeciendo al compañero que le ha escuchado por la atención prestada, invita a este a que ocupe su puesto y él, por su parte, adopta ahora su turno de «escuchador» silencioso.

Al limitarse a escuchar en silencio, usted contiene su impulso de intervenir en la exposición que está haciendo su compañero, y reprime también el deseo de hacerle preguntas. En un principio esta técnica puede parecer poco natural, pero representa un entrenamiento muy valioso, por dos motivos: le permite concentrarse en una escucha empática de lo que el otro dice; y, al mismo tiempo, le alerta de esa tendencia habitual que todos tenemos a contestar a lo que el otro está diciendo. Por el contrario, al mantenerse en un atento silencio, usted se da cuenta de ese deseo natural de hacer preguntas al otro, de ofrecerle consejos o de comentarle algún punto nacido de su experiencia personal. Y aunque el deseo de ayudar a su compañero encierre, en principio, una buena intención, en ocasiones puede resultar de poca utilidad.

Nuestro impulso por tratar de resolver un problema, por expresar simpatía o por compartir experiencias similares con el otro, muchas veces tiene que ver más con la manifestación de sentimientos desagradables que albergamos en nuestro interior, que en ayudar y atender a las necesidades ajenas. Cuando nos concedemos un tiempo para reconocer los sentimientos que surgen en nosotros sin interrumpir a nuestro compañero, nos estamos ofreciendo la oportunidad de contemplarlos de una manera más íntegra y sincera. En un diálogo convencional esta actitud de mantener el silencio de modo estricto puede resultar poco apropiada, pero una vez que se acostumbre a ella encontrará que en muchas ocasiones este espacio no verbal y de escucha atenta es verdaderamente acertado.

Veamos seguidamente algunas sencillas instrucciones para el participante «oyente», que le serán de utilidad cuando esté realizando el ejercicio. Por su parte, el participante «concentrado» —el que habla— puede remitirse al Protocolo de Centramiento o Atención Profunda que hemos mencionado en páginas anteriores.

Protocolo de Atención Profunda

1. Presencia Arraigada de la Atención (PAA).

   • Centre la atención en su base, cabeza y corazón, o
   • afiance su cuerpo, evite los pensamientos, ponga la atención en el interior de su torso.

2. Atención cordial.

   • Escuche a su compañero, pero no hable.
   • Mantenga una doble empatía: abierta, empática, sin juicios, en contacto con su propia percepción sensible, reconociendo el origen interno desde el cual está hablando la otra persona.

- Advierta sus propias reacciones a medida que van surgiendo:

  - Claridad/confusión.
  - Acuerdo/desacuerdo.
  - Placer/disgusto.
  - Deseo de ayudar, de resolver problemas o de esclarecerlos.

- Acepte sus propias reacciones sin juzgarlas.
- Vuelva a adoptar con su compañero una escucha abierta, empática y acrítica.

3. Controle el tiempo.

   - «Un minuto más».
   - «Se acabó el tiempo».

4. Confidencialidad.

14

Conflicto

TRABAJAR con los conflictos que se nos presentan constituye uno de los mayores retos a los que nos podemos enfrentar en nuestra vida; e, incluso, en nuestra comunidad, en la política nacional e, incluso, en las relaciones internacionales. En este capítulo vamos a centrarnos en los conflictos interpersonales; pero los principios fundamentales de los que vamos a hablar aquí pueden extenderse a otros conflictos de mucha mayor envergadura.

En las situaciones conflictivas hemos de tener un cuidado especial para saber escuchar y hablar desde un nivel interno, en el que haya empatía y equilibrio. El conflicto provoca una respuesta del sistema nervioso simpático, generando el reflejo de «lucha-o-huye», el cual puede anular la sabiduría y la compasión del yo soberano. Incluso si tenemos el suficiente dominio y control necesario para resistirnos al impulso primario de arremeter físicamente contra el conflicto, o huir de él, nos encontraremos dominados por un estado de gran emotividad —frustración, ira, confusión, etc.— que nos está exigiendo calma. En situaciones como esta se acrecienta la posibilidad de que digamos o hagamos algo de lo que, muy posiblemente, nos arrepentiremos más tarde.

La parte positiva del asunto es que el trabajar con los conflictos internos, que constituyen el foco de muchos de los ejercicios de los que hemos venido hablando hasta ahora, representa un entrenamiento especial para trabajar con los conflictos externos. Saber cómo hemos de habérnoslas con nuestros «yoes parciales», cuando no se llevan bien entre ellos, proporciona un estado de templanza aplicable a las situaciones en que nos tenemos que enfrentar a conflictos surgidos con los demás. Aunque nunca podemos saber cuál es la percepción sensible de la otra persona, sí podemos utilizar nuestra imaginación y empatía para ponernos en su lugar, y establecer una especie de «percepción sensible vicaria» que nos permita saber cómo funcionan los sentimientos en el otro.

Evidentemente, el encontramos inmersos en un conflicto es el momento más difícil para ponernos en el lugar de la otra persona. La clave del éxito consiste —al igual que sucede en el caso de los conflictos intrapersonales— en saber separar las dos (o más) partes que conforman el conflicto. El primer paso es reconocer y, después, establecer cierta distancia entre la posición personal y el conflicto. Esto conlleva un estado de atención personal y también de autocompasión. Nos decimos: «Sí, me doy cuenta de que esta situación me trastorna; veamos cómo la afecta a mi cuerpo en este momento». En el instante en que usted conecta con ese sentimiento de angustia ya se está concediendo un momento de autoempatía. «Sí, me siento trastornado; esta situación es penosa, dura y desagradable. Me doy cuenta de mi estado de angustia. Pero aunque no voy a ignorarla, trataré de volver a ella más tarde».

El aportar un estado de atención a sus sensaciones internas, corporales, de angustia le permite obtener cierto distanciamiento empático de sus emociones y pensamientos más inmediatos. De este modo usted puede desidentificarse de esa posición fija, y en lugar de dejarse dominar por ella se centra en un estado de atención afianzada de su yo soberano. Esto le proporciona un espacio, tanto mental como psicológico, para considerar el asunto desde el punto de vista de la otra persona.

Al imaginarse lo que está en juego en el otro, cuáles pueden ser las necesidades y deseos que subyacen en su postura, usted empieza a formarse una «percepción sensible vicaria» de dónde pueden proceder tales sentimientos: «Oh, ya veo cómo los está viviendo; esta es la situación en que se encuentra».

Una vez que usted ha logrado vivir la percepción sensible desde las dos partes del conflicto, también puede preguntarse: «¿Hay alguna manera de que las necesidades que existen en ambas partes puedan encontrar un acuerdo?». De esta forma usted no va sometiendo, o suprimiendo, sus propias necesidades sino apelando a la fortaleza, a la sabiduría y al afecto de su yo soberano para que este incluya también las necesidades y sentimientos de la otra persona. Es un trabajo que requiere mucho esfuerzo, pero que compensa doblemente cuando se consigue.

En el ejercicio siguiente vamos a practicar la percepción sensible personal que usted vive en una situación conflictiva; después, y de una manera consciente, vamos a centrar su atención para que desarrolle una percepción sensible vicaria de lo que experimenta la otra persona. Finalmente, veremos cómo podemos aplicar esta técnica en el momento preciso.

Ejercicio 14.1
Percepción sensible vicaria

Empiece por conseguir un estado de presencia arraigada. Cuando se sienta preparado, trate de apreciar cualquier tipo de percepción sensible, de preocupaciones o situaciones que su cuerpo esté viviendo. Acéptelas amistosamente, pero no se deje arrastrar por ellas. Déjelas a un lado —o permítalas— mientras usted se instala en un espacio de sencilla atención consciente, sin que exista una meta precisa. Cuando se sienta preparado, piense en un conflicto particular que se esté dando en su vida. Si en el momento presente no encuentra ninguno, piense en alguno que le sucedió en el pasado; quizá pueda tratarse de una situación que hubiera deseado resolver de mejor manera.

Inicie el ejercicio contándose el relato del conflicto. Hágalo hasta el punto en que note que las emociones empiezan a embargarle. En ese momento deje a un lado el relato y trate de percibir el sentimiento que se encuentra «debajo» del sentimiento; es decir, note su propia percepción sensible. Acéptela sin ninguna animadversión; la suficiente para que se sienta plenamente reconocida por usted. Después, hágale saber que ya volverá a ella más tarde.

Ahora cambie el foco de atención para ponerlo en la otra persona de ese relato que está contándose, y hágalo lo mejor que pueda. Evidentemente, no le será posible imaginarse lo que realmente está pasando por la mente del otro, pero si usted es capaz de adoptar una actitud de empatía e imaginarse la situación desde la perspectiva ajena, al cabo de un rato quizá pueda hacerse una idea de cuál es la percepción sensible que él, o ella, tiene del conflicto. Sienta lo que sienta, acéptelo sin oposición; vívalo sin establecer ninguna clase de juicio o de pensamiento discursivo; admítalo tal como es.

Si esa percepción sensible vicaria se muestra un tanto vaga o elusiva, trate de clarificarla describiendo y haciendo resaltar las cualidades de la otra persona con palabras, imágenes o gestos. Cuando logre tener bien clara en su mente la percepción sensible de esa persona, trate de indagar amablemente en ella. Pregúntele, por ejemplo: «¿Qué es lo peor de toda esta situación?», o «¿Qué es lo que está en juego?». Pregunte qué es lo que la otra persona necesita o desea en esta situación.

También puede usted establecer la pregunta como si se tratase de un intercambio, ya sea con la percepción sensible vicaria, o directamente con la otra persona (a la que ha de tener siempre presente en su imaginación de un modo amistoso). Por ejemplo: «¿Qué es lo que deseas o necesitas?». O bien puede ponerse usted en la piel del otro y preguntar: «¿Qué es lo que deseo o necesito?». Teniendo en cuenta que la percepción sensible acepta infinitas posibilidades, usted puede conseguir respuestas muy diferentes si formula la pregunta en tercera persona («¿Qué es lo que él/ella quiere?»), o en segunda persona: «¿Qué es lo que quieres?», o en primera persona: «¿Qué es lo que quiero?». Cualquiera de estas fórmulas puede ofrecer introspecciones muy interesantes.

Si a lo largo de este proceso descubre que está reaccionando emotivamente, por la parte que le toca en el conflicto, trate de brindar autoempatía a cualquier sentimiento de dolor, de ira o de confusión que pueda presentarse. Después, céntrese en su estado de presencia atenta y enraizada y procure volver a estudiar la situación desde el punto de vista de la otra persona. Finalice el ejercicio volviendo a su propia percepción sensible del conflicto, y haciéndolo desde su personal punto de vista. Advierta si algo ha cambiado como consecuencia de haber estudiado la situación desde la perspectiva de la otra persona. Vea también si logra comprender mejor los orígenes de sus propios sentimientos. Pregúntese qué es lo que necesita ahora su percepción sensible. Trate de dar posibles pasos activos para resolver la situación, cosa que podrá apreciar de acuerdo con su percepción sensible.

A continuación podría dar otro paso más para resolver el conflicto, comprobando con la otra persona las introspecciones que le ha proporcionado su percepción sensible vicaria. Es necesario que para hacer esto se sienta seguro de que podrá mantener una actitud de sincera curiosidad e interés con la otra persona, y de que en ningún momento se pondrá a la defensiva o, peor aún, agresivo. Puede empezar esta pesquisa diciéndole al otro algo así como: «Lo siento pero no estamos de acuerdo. Me hubiera gustado comprender tu visión sobre este punto. ¿Estarías dispuesto a que estudiáramos conjuntamente todo lo que hay (pensamientos, sentimientos, etc.) detrás de lo que me has dicho hasta ahora?». Si una propuesta tan abierta como esta no fuera suficiente, podría tratar de conseguir una respuesta de la otra persona compartiendo sus «intuiciones vicarias». Por ejemplo: «Cuando tú dices (o haces) _____, yo me pregunto si estás sintiendo (o deseando, o necesitando, buscando, sintiéndote incómodo por, o preocupado por eso) _____». Debe tener presente que esta técnica requiere que usted formule sus preguntas desde un estado de sinceridad y delicadeza consigo mismo, estando dispuesto a escuchar lo que pueda oír de la otra persona, sin irritarse con ella o tratar de defenderse. Al hablar así, desde su yo soberano y no desde su yo herido o disgustado, está invitando a la otra persona para que obre de igual manera.

Trate el conflicto en el momento presente

Publio Terencio, un esclavo romano del siglo II a. de C. nacido en África y convertido, posteriormente, en uno de los más importantes dramaturgos latinos, escribió: «Nada de lo humano me es ajeno». Incluso cuando nos encontramos en pleno conflicto somos capaces de establecer cierto distanciamiento de nuestras necesidades y emociones. Nuestra innata capacidad humana para la empatía, y nuestra capacidad imaginativa para ponernos en el lugar de la otra persona pueden hacer que entendamos lo que ella está viviendo.

Gracias a la empatía y al saber ponerse en el lugar del otro, somos capaces de reconocer incluso la forma en que provocamos o irritamos a esa otra persona. En este punto es importante que sepamos mantener nuestra propia empatía, y no nos encerremos en un estado de autocensura o de otros sentimientos negativos. Incluso cuando nos damos cuenta de que nuestro comportamiento es problemático para los demás, podemos reconocer los motivos que nos obligaron a mantener semejante postura. Algunas veces, el expresar una disculpa por nuestra parte está bien, pero tengamos mucho cuidado de manifestar disculpas que, en el fondo, no son verdaderamente sentidas (ese tipo de disculpas al que suele seguirle la consabida fórmula de: «Lo siento... *pero...*»).

Aunque lo ideal sea llegar a una resolución del conflicto en la que se comparta un sentimiento de comprensión por ambas partes, tampoco es necesario llegar al extremo de establecer un acuerdo, o de resolver todos los aspectos del conflicto existente, cerrándolo de manera falsamente emotiva. Siempre puede quedar un residuo de tristeza, de aceptación de que las cosas no siempre se resuelven de la manera que uno quisiera; pero ese sentimiento de tristeza puede coexistir con un sentimiento de encontrarse en paz con uno mismo. Esta clase de «tristeza positiva» suele acompañar a la aceptación. Además, constituye la señal de una aceptación auténtica que nos permite seguir adelante con nuestra vida.

El tratar el conflicto en el momento presente tiene la ventaja de que no es necesario imaginarse qué podrá pensar la otra persona del asunto que se está tratando, ya que nos lo va a decir en ese mismo momento. La desventaja estriba, evidentemente, en que es muy probable que a usted se le dispare el genio y no logre juzgar la situación con mayor distanciamiento y mesura. Una forma de mitigar la probabilidad de enfadarse, y de enojar también a la otra persona, es la de ponerse ambos de acuerdo en hablar por turnos. Esta fórmula resulta muy eficaz sobre todo cuando entre ambas personas existen lazos de respeto, de amistad y/o de afecto.

Ejercicio 14.2
Establecer turnos

Anime a la otra persona a que le diga lo que piensa sobre la situación que les concierne. Dígale que se tome todo el tiempo que necesite, que haga las pausas que desee para poder pensar, y asegúrele que no va a interrumpirle hasta que haya dicho todo lo que tiene en la mente. De este modo usted estará estableciendo un compromiso para limitarse a escuchar, incluso cuando esté en desacuerdo con lo que oiga, y a pesar de las reacciones que le puedan producir las palabras de la otra persona. Dígale también que le comunique cuando ha dicho todo lo que necesitaba decir, y hágale saber que ya tendrá otro turno cuando usted haya hablado.

Pídale a su compañero que haga lo mismo que hizo usted: es decir que escuche sin interrumpirle mientras usted va exponiendo sus sentimientos, sus puntos de vista y sus necesidades. Dígale que, a veces, también usted guardará momentos de silencio y que le dirá cuando haya acabado. Entonces la otra persona volverá a tener su turno de palabra y podrá decirle lo que ha pensado mientras usted hablaba. En esta alternancia de exposiciones se podrá establecer, desde el inicio de la sesión, el número de turnos de palabra para cada uno de los participantes.

Hay algunas cosas que usted podrá hacer y que serán muy útiles para lograr el éxito en este tipo de diálogo por turnos. En primer lugar, y sobre todo, está el ejercicio de escuchar amistosamente a la otra persona mientras expone su parte de la historia. Sea honesto a la hora de escucharle, prestándole toda la atención que se merece ese ser humano que piensa de una manera diferente a la suya. Preste atención no solo a sus palabras, sino también a su lenguaje corporal, a su respiración, a sus gestos y expresiones faciales. Trate de percibir el origen interno de donde parte lo que está escuchando.

En segundo lugar, cuando dé comienzo su turno *retome* lo que ha escuchado y comprendido de lo dicho por la otra persona. Por ejemplo: «Te he oído decir que te has sentido muy molesto cuando yo tomé esa decisión sin haberte consultado». Al mismo tiempo reconozca lo que hubiera sido importante para la otra persona: «Acabo de oírte decir que hubiera sido importante para ti el hecho de que te consultara previamente». Especifique aquellos aspectos de la situación en los que usted está de acuerdo con el otro: «Reconozco que hubieras representado un punto clave en este asunto». Señale aquellos puntos de la situación que hubieran podido afectar a ambos: «Sé que los dos nos encontrábamos muy presionados para poder establecer un plazo». Si fuera posible, reconozca que usted pudo haber obrado de manera diferente: «Ahora veo claramente que hubiera podido recurrir a ti antes de tomar una decisión, y te ruego que me disculpes por no haberlo hecho».

Primero, trate de comprender al otro; después, ser comprendido por él. Una vez que usted haya intentado sinceramente comprender a la otra persona, escuchándola con atención y reconociendo sus necesidades y razonamientos, ya estará en buena disposición para hacerle ver al otro cuál eran sus motivaciones en el asunto tratado. Procure comprobar cuál es en usted el estado de su percepción sen-

CONFLICTO   161

sible y tómese el tiempo necesario, a fin de poder hablar honesta-
mente cuando le llegue su turno. ¡Tómese realmente el tiempo que
sea preciso! Manténgase en contacto con su percepción sensible
mientras habla, y evite aquellas manifestaciones o tonos de voz que
puedan expresar su enojo o su posición defensiva. Una postura
empática y sincera invita a que la otra persona le escuche y trate de
comprenderle. «Lo que pasó fue que estuve de acuerdo en mantener contigo una reunión de dos horas, y no me quedó otra opción
que ir a ver a Paul.»

Aclare sus necesidades subyacentes *, teniendo mucho cuidado
de no confundir sus necesidades con la toma de una *postura* establecida. «Necesito tener un despacho privado» es una postura, una
posición, pero no una necesidad (aunque se emplee en este caso el
verbo «necesitar».) «Necesito disponer de un lugar de trabajo tranquilo en el que pueda pensar y escribir», establece una necesidad
subyacente. Si usted tiene en mente una solución concreta, expón-
gala más como una solicitud que como una exigencia: «¿Qué te
parecería si me cambiase a ese despacho vacío que hay en el segundo
piso?».

Aunque no sea posible reducir, o eliminar, un conflicto acep-
tando la técnica de establecer turnos de exposición, todavía puede

---

* Este capítulo tiene mucho que ver con el método de Conversación No
Violenta (NVC, siglas inglesas), un sencillo, pero poderoso, método de cuatro
pasos destinado a tratar los conflictos sin que se produzcan en ellos situaciones
emocionales peligrosas. Los cuatro pasos (desarrollados por Marshall Rosenberg, otro discípulo de Carl Roger) son: observación, sentimientos, necesidades
y solicitudes. Este método y el de Centramiento se complementan a la perfec-
ción. Para una mayor información véase www.cnvc.org y nvctraining.com.

hacer usted muchas de las cosas que se han descrito aquí para moderar la tensión del momento, en vez de acrecentarla. La clave —y es aquí donde la técnica del Centramiento consciente se distingue del resto de los métodos convencionales existentes para resolver conflictos— está en establecer una y otra vez silencios que le permitan ponerse en contacto con su percepción sensible. Esto le facilitará un espacio en el que se aquieten sus propias reacciones e impulsos, al tiempo que también la otra persona podrá, de este modo, expresarse y ser escuchada, aunque sus sentimientos difieran de los suyos.

La reflexión también puede desempeñar un gran papel a la hora de sofocar la intensidad de un intercambio. Cuando se hace hábilmente, el saber reflexionar o parafrasear sobre lo que ha dicho el que habla produce la sensación de que las dos personas están realmente «aprobando» lo que se oye, y esta situación tiene psicológicamente un efecto calmante. También proporciona la oportunidad de corregir o ampliar las exposiciones anteriores, con lo que ambas partes ganan en la clarificación del proceso. De igual modo todos los mecanismos descritos hasta el momento pueden resultar constructivos a la hora de mantener un diálogo difícil.

Veamos seguidamente un perfil adecuado para el diálogo:

- Cree su espacio interior.
- Sienta empatía tanto consigo mismo como con la otra persona (manteniendo una escucha amistosa).
- Escuche desde lo profundo, manteniéndose en contacto con su percepción sensible.
- Reflexione sobre lo que expresa y siente la otra persona.

- Asevere las necesidades del otro.
- Asevere las zonas de mutuo acuerdo.
- Reconozca los propios errores y todo aquello que usted pudo haber hecho de modo diferente.
- Emplee un tono empático a la hora de inquirir para clarificar y profundizar en la mutua compresión.
- Comparta con la otra persona sus sentimientos y necesidades (no establezca posturas fijas).
- Formule más solicitudes que exigencias.

Tratar el conflicto de la manera que hemos descrito no constituye una tarea fácil. Requiere práctica e, inevitablemente, no impide que se cometan errores a lo largo del proceso. Pero si somos capaces de crear un espacio de clarificación en nuestro fuero interno y desidentificarnos de nuestras reacciones emocionales, sin necesidad de suprimirlas o rechazarlas, entonces nuestro yo soberano puede permanecer centrado y responder a lo que surja en el momento; del mismo modo que un jinete hábil sabe responder con soltura a los imprevisibles movimientos de su caballo.

En este capítulo hemos hecho hincapié en los conflictos interpersonales, pero creemos sinceramente que la estructura que hemos expuesto aquí es aplicable a conflictos de mayor envergadura. De acuerdo con lo que en su momento dijo Dag Hammarskjold, el gran Secretario General de la ONU, inventor de la diplomacia sutil y la única persona que recibió a título póstumo el Premio Nobel de la Paz, tras su muerte en 1961 (o asesinato, como sugieren muchas pruebas) a causa de un accidente de aviación, mientras mediaba en un alto el fuego, durante la crisis del Congo:

El método para comprender a la parte con la que se ha de tratar, ya sea en el ámbito comercial, político o internacional, consiste en una plena comprensión de uno mismo; ya que la otra parte, evidentemente, está hecha del mismo tejido que usted.

Así pues, no habrá una educación completa, en un mundo básicamente unido, que no incluya al mismo hombre; y que no se encuentre inspirado por el reconocimiento del hecho de que usted no entenderá a su enemigo si no se entiende a sí mismo. Y que la comprensión de su enemigo también arrojará mucha luz sobre usted y sobre sus motivos personales. [1]

15

Tomar decisiones difíciles

La toma de decisiones difíciles o arriesgadas incluye aspectos de los tres temas que hemos tratado en los capítulos precedentes: pasos activos, relaciones y conflicto. Es necesario que hagamos algo en este mundo, pero lo que hagamos afecta siempre a los demás; teniendo en cuenta, al mismo tiempo, que toda situación tiene más de una cara. Si usted pasa las Navidades con los familiares de su esposa en California, no podrá estar con sus padres en Nueva York. Si decide tomarse esas vacaciones con las cuales ha venido soñando, no podrá adquirir ese coche para cuya compra ha estado ahorrando.

Es evidente que en nuestra vida diaria estamos tomando continuamente pequeñas decisiones: qué vamos a comer, si veremos la tele o leeremos un libro, o a quién llamaremos para que nos arregle la lavadora. Muchas de esas decisiones no requieren más que un momento de atención; otras, por el contrario, necesitan un poco más de análisis, aunque también son fácilmente realizables cuando hemos dado por finalizada nuestra diaria jornada laboral.

Pero, después, están esas otras decisiones difíciles, en las que se corren grandes riesgos y en las que resulta muy difícil acertar. Esas son las que nos ponen a prueba para discernir qué es lo más importante para nosotros, cuáles son nuestras prioridades. En definitiva, en donde radican nuestros valores fundamentales.

Avanzar en la vida implica tener que tomar decisiones en situaciones muy específicas; lo cual también nos sirve para fomentar nuestro bienestar básico, y para seguir creciendo en el proceso vital, como partes que somos de una totalidad. En cualquier momento la vida nos presenta una serie de hechos y de acciones distintas que pueden servirnos para avanzar, mientras que muchas otras nos impiden realizar ese progreso. Ningún simple acto logra realizar todas las posibilidades que se hallan implícitas en la vida; podremos realizar algunas cosas y otras no; porque esa es la naturaleza de la vida, incluso cuando la vivimos plenamente. Por tanto nuestro desafío consiste en encontrar la dirección *más adecuada* en cada caso.

En la toma de decisiones importantes, el encontrar la dirección más acertada no es una simple cuestión de escoger entre diversas alternativas. Incluso si usted decide —como exponíamos en el ejemplo ya citado— pasar las Navidades con sus parientes políticos en vez de hacerlo con sus padres, el acierto de esa elección —tanto si eso le permite realmente avanzar en el desarrollo de su vida, como si no— depende de la profundidad y de la claridad del diálogo interno que mantenga entre la percepción sensible y la razón, el cual le permitirá llegar a una decisión acertada. Si pasa esas fiestas envuelto en un sentimiento de tristeza y de resentimiento, no habrá cubierto ninguna de sus necesidades ni expectativas. En el peor de los casos solo servirá para que se desarrolle en usted un proceso de bloqueo que acarreará consecuencias negativas.

Por otro lado, si se ha dado plena cuenta de la importancia que tiene para usted su esposa y la familia de ella; y lo importante que es su matrimonio y, consecuentemente, la importancia que tiene también para *usted*, el hacer esa elección —sin que por ello se olvide de sus propias necesidades, que tal vez no sean en este momento las más gratas pero que quizá puedan serlo en el futuro—, entonces esos días que va a pasar con su familia política pueden hacerle progresar a un nivel profundo. Por supuesto que no podrá estar en California y en Washington al mismo tiempo, pero usted *puede* superar ese conflicto interno de forma satisfactoria.

Hace poco mi amigo Don se encontraba indeciso entre unirse a un nuevo grupo de amistades e ir con ellos a esquiar a Colorado, o bien acompañar a su mujer que tenía que ir a Washington en viaje de negocios; viaje que le permitiría, además, reunirse con un antiguo compañero de facultad con quien había tenido una gran amistad. Ambas cosas le resultaban muy apetecibles, y el decidirse por una u otra se le hacía verdaderamente difícil. A medida que analizaba ambas propuestas, veía más patentes las necesidades, creencias y miedos que subyacían en ellas. La excursión para hacer esquí le resultaba muy atractiva: haría nuevas amistades, cosa siempre interesante, disfrutaría de estar en la alta montaña, viviría el riesgo del deporte de esquí y, sobre todo, gozaría de una nueva sensación de aventura. Pero al analizar el tema también descubrió que el ir a esquiar le producía cierta ansiedad. Quizá sus nuevas amistades fueran magníficos esquiadores, y el tratar de ponerse a su altura resultase todo un desafío. Además, había tenido últimamente algunos problemas con su espalda. Si lo pensaba bien tenía miedo de no poder estar a la altura de los otros y que eso, lejos de afianzar su amistad pudiera debilitarla.

Es importante reconocer aquí que si los temores que albergaba Don sobre su habilidad como esquiador y la posibilidad de no estar a la altura de los otros eran bastante acusados, resultaban menos importantes que el hecho de tener que emplear cierto tiempo en enfrentarse con su propia percepción sensible de la situación. Intensos o no, esos temores se instalaban en su cuerpo a un nivel profundo. Todos tenemos momentos en que nos invade el miedo, la vergüenza, la ira y la culpa; a menudo, esos sentimientos proceden de la infancia y de experiencias vividas tiempo atrás, pero con frecuencia se generan por el hecho de tener que enfrentarse nuevamente a ellos. El contactar con dichos sentimientos negativos puede resultarnos incómodo, pero el reconocerlos y aceptarlos representa la auténtica vía del autoconocimiento; la capacidad para tomar sabias decisiones y ampliar nuestra energía a fin de seguir progresando en nuestra vida.

Superar nuestros miedos no significa que haya que eliminar el miedo mismo. El miedo existe para proteger nuestro bienestar y dirigir nuestros actos. Constituye un mensajero biológico que lleva en sí una estimable carga de inteligencia. Para beneficiarnos de ella necesitamos ser lo suficientemente valientes para permitir que ese miedo se manifieste y entender el mensaje que nos da. Si nos dejamos llevar por el pánico ante la mera aparición del miedo, actuaremos de forma impulsiva e inadecuada, las más de las veces. Si tratamos de suprimirlo, estamos cerrándole la puerta al mensajero antes de recibir el mensaje que nos trae. Solo cuando seamos capaces de sentir y de aceptar en el momento la crudeza de nuestro miedo podremos empezar a discernir la inteligencia de su mensaje.

Debido a que tanto el miedo como el resto de emociones negativas son la herencia de milenios de evolución animal y, también, del proceso de socialización humana, el mensaje que nos aporta puede resultar, en mayor o menor grado, desfasado. No es imprescindible que lo tomemos al pie de la letra. Pero es necesario que empecemos por prestarle atención, a fin de poder discernir cómo hay que tenerlo en cuenta en el momento presente. A menudo esto requiere un ejercicio de investigación empática, de establecer un diálogo entre la emoción y el yo soberano, en el cual los viejos y, tal vez, ya desfasados aspectos del miedo pueden ser estudiados lucidamente y actualizados. Lo que en el ejemplo que hemos puesto puede interpretarse, en un principio, como «No voy a poder dar el tipo», o bien, «Voy a quedar mal», puede transformarse en «Hay algo que me está diciendo que debo preocuparme por mi seguridad y bienestar». Ambas opciones pueden arrojar luz para saber qué partes del mensaje ya están desfasadas —al fin y al cabo, el «mensajero» empezó su viaje en un pasado ya muy lejano— y qué otras siguen vigentes y resultan aplicables en el momento presente.

Mientras mi amigo Don dedicaba tiempo a una aparentemente sencilla elección entre dos atractivas opciones, tuvo una introspección más profunda. El miedo a no esquiar muy bien y, por tanto, a no estar a la altura de sus nuevas amistades poseía un substrato más profundo. Don ya tenía sesenta y tanto años; todavía trabajaba en distintas cosas, tratando de conseguir con sus nuevos empleos una buena situación, pero sin tener que verse agobiado por presiones laborales. No estaba dispuesto a retirarse, pero sí quería tomarse las cosas con un poco más de relax. Así pues, la escapada a esquiar tenía un significado más profundo que el mero hecho de hacer deporte, de estar con sus nuevas amistades o de pasarlo bien. Se trataba de hacer una reflexión sobre la edad que ya tenía, la pérdida de fortaleza y agilidad física y el querer volver a disfrutar de los placeres de una juventud que ya le quedaba lejana.

Por otro lado, el viaje a Washington con su mujer tenía el aliciente de volver a encontrarse con los viejos amigos, disfrutar de unas tranquilas comidas y recordar los viejos tiempos, cosas todas ellas con las que suelen gozar las personas de cierta edad. Don vio fácilmente la ironía que había en la situación que se le presentaba: el sentimiento juvenil de ir a esquiar significaba su pasado, mientras que el viaje a Washington y el compartir unos días con sus viejos amigos representaba el presente y el futuro. No sin un asomo de tristeza Don optó por el viaje a Washington. Todavía no estaba dispuesto a abandonar el deporte del esquí —de hecho, un par de meses más tarde, se llevó a su hija a esquiar a una magnífica estación de montaña en Utah—, pero algo había empezado a cambiar para él. Tenía que empezar a olvidarse de sus tiempos de antaño, y a afirmarse en otros valores más profundos, como podían ser su familia del presente y del futuro. Su vida avanzaba por sí misma.

Distinguir los lados

Cuando tenemos un problema o nos enfrentamos a una decisión difícil, estamos tratando con dos, o más, necesidades, deseos o metas que se hallan en conflicto. Al reconocer con claridad las diferentes partes que se encuentran en tensión podemos separarlas —como si se tratara de niños que estuvieran peleándose— y prestar toda nuestra atención a la percepción sensible que subyace en cada una de esas partes. Al descubrir el deseo o la necesidad más profunda que motiva cada lado del conflicto, estamos preparando el terreno para encontrar una solución que respete esas necesidades, intereses y sentimientos que parecen encontrarse en oposición.

Respetar una necesidad no es lo mismo que aceptarla. La forma de actuación «más correcta» es la que trata de satisfacer las necesidades más importantes que se presentan en una situación determinada. Pero el tomar decisiones incluye hacer una elección; y de este modo siempre quedarán otras necesidades, que juzgamos menos importantes, que no serán satisfechas. El reconocer y admitir todas las necesidades e intereses que estén presentes en el conflicto —tanto las nuestras como las ajenas— es la manera de hacer respetar su validez.

Las buenas decisiones son aquellas que parten de su yo soberano. Al prestar atención a todos los lados y considerar todos los factores importantes —como lo haría un padre inteligente o un buen amigo— el yo soberano toma una posición más objetiva que permite que surja la mejor decisión nacida de la percepción sensible. Admite como válidas cada una de las necesidades, pero las sopesa con la percepción sensible de la situación.

El yo soberano, al ser imparcial, no se entrega al sentimentalismo. Percibe la rectitud de una buena decisión y se ve estimulado por ella. Al mismo tiempo puede sentir tristeza, incluso cierto dolor, sobre aquellas otras necesidades que no se han visto atendidas. En el ejemplo anteriormente expuesto, Don siente cierta tristeza al tener que renunciar a su excursión de esquí en Colorado. Este tipo de tristeza positiva constituye un componente natural de la toma de una decisión acertada.

Las decisiones difíciles que se toman en el ámbito laboral tienen un carácter muy parecido. El razonamiento que nos lleva a tomar una decisión de ese calibre engloba diferentes factores. Pueden existir intereses que se contrapongan: las necesidades y los derechos del individuo, que se enfrentan a lo que es mejor para la empresa, los problemas financieros, los objetivos a corto plazo que van en contra de los objetivos a largo plazo, los impactos que la decisión pueda tener en el ámbito moral, etc. Pero a la hora de tomar la decisión más justa, y para que *toda* la situación pueda avanzar adecuadamente, es necesario recurrir a la introspección y al sentido de afirmación que solamente proceden de la percepción sensible.

Por ejemplo, algunas de las decisiones más difíciles que tienen que tomar los jefes y directivos de una empresa son las que afectan al despido de sus empleados. Este tipo de situaciones raramente se muestran diáfanas, no suelen ser o blanco o negro. Casi siempre hay una serie de aspectos que se refieren al trabajo del empleado, o a su misma persona, que son positivos y dignos de elogio. Por desgracia, las normativas laborales y la necesidad de proteger al resto de la organización ponen frecuentemente en aprietos al directivo, que tiene que escoger entre las cualidades del empleado y los intereses de la compañía. Este tipo de decisiones resultan muy difíciles porque afectan a la vida de otras personas. Y es precisamente cuando no se pueden hacer públicos todos los factores que obligan a tomar esa decisión cuando la claridad y la convicción que emanan de la percepción sensible constituyen una clave para seguir adelante y obrar con rectitud.

¿Qué es lo que aquí está dispuesto a morir?

Las decisiones más difíciles nos obligan también a clarificar nuestros valores más profundos. Son ellos los que pueden desafiar a la misma esencia de quienes somos. Estamos llamados no solo a hacer bien las cosas en este mundo, sino a crecer, a desarrollarnos y a modificar nuestra actitud cuando sea necesario. Del mismo modo que sucede con las células que forman nuestro cuerpo, que están continuamente muriendo y naciendo, algunos aspectos de nuestra estructura psicológica también necesitan morir cuando ya no son útiles para cumplir la función que tienen encomendada en nuestras vidas. La pregunta «¿Qué es lo que aquí está dispuesto a morir?» puede resultar muy dura, pero es la que abre la puerta a otra pregunta íntimamente relacionada con ella: «¿Qué es lo que está dispuesto a nacer?».

A veces, este proceso del morir y del nacer sucede por su propia cuenta y, quizá, de una manera imperceptible en el tiempo. Más frecuentemente, conlleva un trabajo. Es necesario que primero reconozcamos que hay algo en nosotros —un patrón de conducta, una creencia o una opinión muy fuerte, una actitud que tenemos con respecto a nosotros mismos o a los demás— que ya no encaja. Una vez que hayamos reconocido esto hemos de liberarnos de ello, dejar que muera. Y debido a que tal actitud o tal disposición personal pudieron habernos sido útiles hasta el momento o, quizá, porque tal decisión nos afecta de forma muy íntima, es muy probable que tal decisión nos cause tristeza. A veces también se produce un sentimiento de pesar o de remordimiento, al darnos cuenta de que acabamos de ver algo que había en nosotros para lo que estuvimos ciegos hasta ahora. Hay un sentimiento de amargura en tales momentos de realización; una tristeza positiva que se extiende al pasado y se abre al futuro.

Ejercicio 15.1
Decidir desde la percepción sensible

Acomode su cuerpo en una posición cómoda y adecuada, e interiorícese. Cuando se sienta afianzado, claro y presente en el momento que vive, piense en la decisión a la que haya de hacer frente, ya se trate de algo personal, de una relación sentimental, familiar, laboral, o de algo que tenga que ver con un grupo al que pertenece, o con algo relacionado con su proceso creativo. Utilizando el protocolo de percepción sensible que mostramos más abajo, contemple todas las partes internas de la situación y sus factores externos, sus intereses personales y los de las personas que se encuentran involucradas en la decisión.

No todos los pasos o cuestiones concretas que se especifican en el protocolo pueden aplicarse a cada toma de decisiones. Utilice aquellas que se puedan aplicar en un determinado caso y siéntase libre de formular nuevas preguntas que encajen de mejor manera con su tema. Es posible que tenga que trabajar con el protocolo más de una vez antes de lograr una decisión que encaje plenamente y se adecue a su percepción sensible.

Protocolo de Decisión de Percepción Sensible

1. Reúna y trate de entender toda la información que sea importante para el caso.

   • Los hechos externos y los factores que pueden limitar o ampliar sus opciones.

   • Sentimientos, opiniones e intereses de otras personas involucradas o afectadas por la decisión.

2. Separe y preste atención a las distintas partes.

   • Deje que surja de forma total y clara cada lado, cada parte o cada punto de vista. Si hay otras partes involucradas, considere también sus intereses y trate de lograr una percepción sensible vicaria de lo que está en juego para ellas. Dedique un tiempo a esas percepciones sensibles, a medida que se produzcan.

      – ¿Qué es lo más importante para esa parte, o para ese partido?
      – ¿Qué es lo que la situación (o ellos) desean o no desean?
      – ¿Hay algo en esa parte, o en ese partido, dispuesto a morir o a liberarse de ello?
      – ¿Hay algo que esté dispuesto a nacer, a aparecer o a manifestarse?

3. Pregunte a su yo soberano.

   • Como haría un padre inteligente y cariñosos que ha escuchado las necesidades y sentimientos de cada uno de sus hijos, pero que sabe que ha de encontrar la mejor decisión para todos ellos, concentre su atención en su yo soberano y suscite la percepción sensible de la situación en su totalidad.

- ¿Qué es lo más importante en esta situación? ¿Qué es lo que realmente está en juego para mí y para todo?
- ¿Qué es lo que temo y qué es lo que deseo?
- ¿Hay algo viejo (en la situación, en mí mismo) que esté dispuesto a morir?
- ¿Hay algo nuevo que esté dispuesto a nacer?

4. Contemple opciones.

- Una vez tenido en cuenta todo lo anterior, ¿qué es lo que parece ser la acción «más acertada»? Permita que surjan nuevas posibilidades, incluso aquellas que parezcan más raras y estrafalarias. ¿Qué elementos de verdad contienen?
- ¿Pueden satisfacerse las necesidades más intensas de todas las partes? Si no es posible ¿pueden establecerse planes para encontrar otras necesidades en el futuro que ahora mismo no se pueden encontrar?
- ¿Me siento en paz y tengo claridad para ver las necesidades o los intereses que no se pueden conseguir con esta decisión? Acepte, si surgiese, la tristeza positiva.

5. Reflexione y deje que la decisión resuene en su interior.

- ¿Cómo afectará a mi cuerpo todo esto? ¿Encajará todo ello con mis valores más profundos?

- ¿Existen todavía ciertas tendencias ocultas? Para comprobar esas posibles tendencias imagínese tomando una decisión distinta y advierta si aparece alguna otra introspección inesperada.
- ¿Refleja esta decisión los atributos del yo soberano: claridad, confianza, afecto, responsabilidad y destreza?

6. Selle su intención.

- Algunas decisiones pueden quedar plenamente establecidas en una sola sesión y promulgadas con un simple paso activo: haciendo la reserva de un vuelo, una llamada telefónica o diciendo lo que uno piensa en una reunión. Si este fuera el caso, concluya su sesión bien tomando la decisión correcta o comprometiéndose interiormente a establecer un plan definitivo cuándo, dónde y de la manera que usted pueda llevarlo a cabo en el futuro.
- Muchas decisiones, especialmente si involucran a otras personas, no pueden completarse en una sola sesión. A medida que aparezcan nuevas opciones usted tendrá que repetir ciertos pasos del proceso para lograr una información, o un punto de vista adicional. En estos casos finalice su sesión asegurándose de que tiene claro los pasos siguientes en un tiempo oportuno, teniendo bien entendido que la existencia de nuevas aclaraciones exigirá otras consultas a la percepción sensible antes de que el tema quede definitivamente solucionado.

Teniendo en cuenta que las percepciones sensibles son, por definición, experiencias personales, el contenido de este protocolo hace hincapié en los pasos internos que han de darse por cuenta propia o, si fuera posible y necesario, con la ayuda de alguna persona amiga. Todo ello no tiene en cuenta la compleja dinámica que requiere la actuación si se trata de un grupo. Dicho esto usted puede utilizar muchos de estos pasos incluso si forma parte de un grupo; y los componentes de este también pueden adaptar su estructura para la toma de decisiones del conjunto.

16

Subcomprensión *

No lo dejes, no pases por él como si lo hubieras comprendido;
por el contrario, síguelo hasta el fondo, hasta que descubras
en él el misterio de su propia esencia y de su fuerza.

ANNIE DILLARD [1]

Los filólogos no tienen muy claro el origen de la palabra inglesa *understanding*. Se ha sugerido que la primera parte de la palabra, *under*, pudiera proceder del término latino *inter*, que quiere decir estar entre dos cosas; o sea, encontrarse lo suficientemente cerca de ambas para poder verlas claramente. Por nuestra parte, preferimos tomar el témino *under* de forma literal **.

Cuando verdaderamente «subcomprendemos» algo, no nos limitamos a un mero entendimiento, a una simple percepción de la cosa, sino que deseamos sentir un conocimiento más profundo

---

* Dadas las dificultades de traducción que presentan ciertos novedosos conceptos por parte del autor en esta sección del libro, hemos optado por traducir el término inglés *understanding* (comprensión) por el que figura en el encabezamiento del capítulo. *(N. del T.)*

** Es decir, como «debajo» o «sub». *(N. del T.)*

de su auténtica naturaleza. Para lograrlo necesitamos profundizar en su primera apariencia y en sus más habituales reacciones y pensamientos. Como bien dice Annie Dillard, necesitamos «seguirlo hasta el fondo». Hemos de lograr la percepción sensible de aquello que buscamos.

Esta percepción corporal más profunda de la comprensión resulta esencial para formar y sostener una auténtica relación con los demás, como ya hemos visto. También es importante para la educación, para el desarrollo profesional, para el arte, la literatura, la filosofía y la religión. Con demasiada frecuencia actuamos de un modo directo e impulsivo, adquiriendo cierto tipo de información para repetirla de forma maquinal o actuar inmediatamente de modo reactivo. Pasamos por alto la vital «sub» dimensión de las cosas. No les permitimos digerirlas de forma adecuada; y, a consecuencia de ello, no logramos absorberlas plenamente ni conseguimos que ellas nos nutran. En definitiva, no las admitimos «visceralmente».

A la mayoría de nosotros nos enseñaron, ya de niños, que no es conveniente ir a nadar inmediatamente después de haber comido. Aunque no seamos conscientes de ello, el cuerpo necesita su tiempo para llevar a cabo el proceso transformador de la digestión. La comprensión profunda, la «sub-comprensión», opera del mismo modo. Tras haber reunido los datos y la información y, quizá, después de haber empleado un tiempo en digerir todo ello, debemos dejar las cosas tranquilas, que reposen. Necesitamos *quedarnos a solas* para que pueda tener lugar el invisible proceso de la comprensión. A veces se tarda poco tiempo. «¡Ajá, ya lo cogí!», nos decimos entonces. Pero frecuentemente necesitamos refrenar el impulso de hablar o de actuar inmediatamente, y concedernos un momento, una pausa, tras la cual pueda aparecer una comprensión diferente, más profunda y más fresca de las cosas. Recordemos, como ejemplo, esos cuadros o esas fotografías realizadas con la técnica del «ojo mágico».

Las obras de arte, debido a que han sido realizadas en buena medida bajo el influjo de la percepción sensible del autor, resultan sumamente atractivas porque estimulan nuestra capacidad para comprender las cosas de una manera más visceral que intelectual. La música es, tal vez, la manifestación artística que nos permite hacer esto más directamente. Al igual que sucede con la percepción sensible, puede hacernos ver con una sensibilidad inmediata el significado de lo que oímos, independientemente de lo que se nos esté relatando con la melodía. La pintura y la escultura también se prestan a esta interpretación libre, aunque en algunos casos puedan ser más bien realistas —en el caso de los retratos de personajes, lugares o cosas reconocibles— o abstractas.

El arte abstracto, en particular, puede entenderse mejor si nos acercamos a la percepción sensible por la que el artista se dejó llevar a la hora de reproducir lo que sintió, al margen de asociaciones y significados convencionales. Vasily Kandinsky, uno de los creadores de la abstracción en el arte, empezó reemplazando pictóricamente las formas reconocibles; por ejemplo, las de un rostro, por trazos abstractos de forma y color.

La literatura, y más especialmente la poesía, constituyen un auténtico reto, ya que sus textos están formados por palabras que, por definición, transmiten significados conceptuales. Frecuentemente, el poeta utiliza las palabras de un modo no convencional para resaltar la percepción sensible que subyace en el texto. Emily Dickinson representa un brillante ejemplo de este método. Otra forma es la de suprimir el relato y el tratamiento convencional del argumento, reemplazándolo por una serie de vívidas imágenes. T. S. Eliot, en la introducción de su traducción del poema de St. John Perse, «Anabasis», aconsejaba al lector «que dejara que las imágenes fueran cayendo en su memoria de forma sucesiva, sin cuestionarse la racionalidad de cada una, de forma que, al final, se produjera un efecto total» [2].

Veamos seguidamente un delicioso poema breve realizado a base de una serie de imágenes aparentemente inconexas, expresadas cada una de ellas con extraordinaria economía, que exigen al lector un trabajo de lectura dejándose llevar por su percepción sensible.

Ejercicio 16.1
Lectura con percepción sensible

Lea el siguiente poema varias veces, tranquilamente y en voz alta, unas veces más despacio y otras más rápido, dejando que las imágenes vayan cayendo en su memoria, como aconseja T. S. Eliot. Saboréelo, intime con él, «húndase» con él en el misterio de su especial resonancia. (Posteriormente haga lo mismo con un poema de su elección, o con una obra de arte o con una pieza musical.)

Poema 8, de *Canto de mí mismo,* de Walt Whitman *

El pequeño duerme en su cuna,
levanto el cendal y miro largo tiempo, y silenciosamente
espanto las moscas con mi mano.

---

* Editorial Edaf, Madrid, 2011, págs. 83-84.

El muchacho y la chica de cara colorada se desvían su-
	biendo la colina cubierta de matojos,
atentamente los observo desde arriba.

El suicida está tendido en el ensangrentado suelo del
	cuarto,
contemplo el cadáver con el pelo salpicado de sangre, veo
	dónde ha caído la pistola.

El blableo de la calle, el chirrido de los carros, el desliza-
	miento de las suelas, la charla de los paseantes,
el pesado autobús, el conductor con su pulgar interro-
	gante, el golpe de los cascos de los caballos en
	el suelo de granito,
los trineos en la nieve y su ruido de campanillas, las bro-
	mas entre gritos, las peleas con bolas de nieve,
los hurras a los favoritos populares, la furia de la muche-
	dumbre arrebatada,
las cortinas de la litera agitándose, dentro un hombre
	enfermo que al hospital llevan,
el encuentro de enemigos, la injuria brusca, los golpes, la
	caída,
la multitud excitada, el policía con su estrella abriéndose
	paso rápidamente hasta el centro de la muche-
	dumbre,
las piedras impasibles que reciben y devuelven tantos
	ecos,
qué regüeldos de ahítos o de hambrientos que caen de
	insolación o entre convulsiones,
qué exclamaciones de mujeres cogidas de repente por
	dolores, que corren a su casa y dan a luz a niños,
qué palabras vivientes y enterradas están vibrando siempre
	aquí, qué alaridos contenidos por decoro,

arrestos de criminales, afrentas, propuestas de adulterio,
aceptaciones, rechazos con labios desdeñosos,
yo los observo o el espectáculo o su resonancia, y luego
me marcho.

Por su brevedad, y porque amo la poesía, he escogido este poema para un ejercicio de lectura poética. Pero el tema de este capítulo es la comprensión profunda, en general. Aprender algo nuevo, ya se trate de un tema de historia, de química, de un idioma, de una nueva tecnología, de un puesto de responsabilidad, de aprender a esquiar o a tocar el cello, representa un trabajo similar al que realiza el cuerpo al digerir el alimento. Trungpa Rinpoche lo llamaba «la fase yogurt».

Cuando empecé a estudiar en Harvard, tuve la gran fortuna de poder hacer lo que llamábamos Hum6 (Humanidades 6), un interesante curso de educación general que lo impartía el famoso crítico y profesor Reuben Brower. El profesor Brower aconsejaba que hiciéramos lo que él denominaba «lectura a cámara lenta», una forma muy personal y cuidadosa de leer los textos literarios. Las primeras preguntas que nos hacía eran: «¿A qué se parece leer este poema? ¿Qué sentimiento nos deja cuando termina?». Dependía de la respuesta que se diera para que, en función de ella, él escogiera a los alumnos que habían de formar parte de un curso de «pensamiento crítico», e interpretación de las obras que estábamos estudiando.

Conviene que aquí aclaremos un punto importante. La comprensión por medio de la percepción sensible no está en oposición al pensamiento conceptual o intelectual. Más bien constituye el fundamento del pensamiento original y significativo.

17

«El primer pensamiento, el mejor pensamiento». La percepción sensible en el proceso creativo

ISADORA Duncan, la creadora de la danza moderna, escribió lo siguiente sobre sus investigaciones juveniles acerca del movimiento:

> Permanecía en una quietud total durante horas, con las manos plegadas sobre el pecho, cubriendo mi plexo solar. A menudo, mi madre se asustaba al ver que me quedaba durante tanto tiempo completamente quieta, como si estuviera en trance. Pero lo que yo estaba buscando, y finalmente descubrí, fue el manantial central del que surgía todo movimiento, el punto álgido de la fuerza, el centro en el que nacía toda la variedad de movimientos. [1]

Lo que Duncan denominaba «el manantial central», era lo que Chogyam Trungpa (todo un prolífico artista en su campo) llamaba «primer pensamiento».

En cierta ocasión Trungpa fue coautor, junto con Allen Ginsberg —el icónico poeta de la generación *beat*, que también fue un fiel alumno suyo—, de un poema que inició con la frase: «El primer pensamiento es el mejor, después ya puedes componer». Posteriormente, Ginsberg redujo esa primera frase a: «El primer pensamiento, el mejor pensamiento». Este eslogan se ha hecho bastante famoso, aunque algunas veces se ha malinterpretado entendiéndolo como: «Sé espontáneo, déjate llevar por lo primero que te venga a la cabeza». Como Trungpa aclaró más tarde, eso no era lo que él quería decir.

Lo que él pretendía resaltar era precisamente la necesidad de contactar con lo pre-conceptual, con la pre-forma, con el origen y la semilla —a la que también se refería como «primer punto»— desde donde surge la auténtica expresión artística. Lejos de ser la primera idea caprichosa que te venga a la mente, el «primer pensamiento» significa el encuentro con el nivel más primario de la experiencia, y no un pensamiento convencional. Como quiere decir esa primera línea del poema: el primer pensamiento es el mejor, *después* ya puedes componer.

Para Trungpa, persona en la que se unía una profunda preparación contemplativa a un innato don creativo, la brecha entre el pensamiento original y el resto de la composición ha de ser pequeña. Su método para escribir un poema, para hacer un trazado caligráfico o componer un arreglo floral ha de ser espontáneo y sin que él intervenga pensamientos posteriores. No obstante, un observador atento podría percibir fácilmente la fuerza de su centramiento interior; la forma en la que sus palabras o sus gestos brotan de una fuente profunda y no-conceptual. Isadora Duncan, por otro lado, describe el hecho de permanecer en quietud durante horas como algo necesario para que ella pudiera encontrar «el punto álgido de la fuerza». Por el contrario, la mayoría de nosotros, pobres mortales, nos situamos en un punto que está a medio camino entre los dos polos cuando nos entregamos a nuestro proceso creativo.

No se tiene por qué ser un consumado artista para dejar que fluya el jugo creativo. Cocinar, cuidar el jardín, organizar el contenido de una habitación y muchas otras actividades diarias nos permiten adentrarnos en la percepción sensible. Trungpa fue un gran propulsor de lo que él llamaba «el arte de la vida diaria», que explicaba diciendo que era «una apreciación de las cosas tal como ellas son y de lo que uno es, lo que produce una enorme chispa de ingenio. Algunas veces sucede —instantes—, y el poeta escribe poemas, el pintor crea cuadros y el músico compone partituras».

En mi caso, al artista que llevo dentro le encanta crear pequeños poemas haikus. He aquí uno que acabo de escribir:

> Los pájaros pían allá afuera
> el teléfono pía en la habitación contigua
> llamándome al trabajo.

Aunque no me atenga a la mayoría de los principios estéticos y a las reglas compositivas de la venerable tradición japonesa del haiku, al menos me apego estrictamente al formato tradicional de las tres líneas que consisten en cinco, siete y cinco sílabas cada una *. Descubro así que necesito la estructura, la restricción, que proporciona esta forma poética para hacerme profundizar en mi percepción sensible.

Frecuentemente, si empiezo con líneas (versos) que tengan demasiadas, o demasiado pocas, sílabas los requisitos formales me llevan a lo no verbal, a una sencilla comprensión de esos versos.

---

* Esta norma no se cumple en la versión española, debido a la traducción del original inglés. *(N. del T.)*

Otros versos que se ajusten a los requisitos silábicos no tienen por qué significar exactamente lo mismo que querían decir los primeros, pero deberían expresar también la percepción sensible original. Así que yo me hago la siguiente pregunta: ¿qué es lo que *realmente* siento? Pues lo mismo que sucedía con la percepción sensible poco clara que tenía antes, al concentrarme en la calidad de las palabras, las imágenes o los gestos, se empieza a hacer ahora más precisa mediante este proceso de introspección.

A modo de ilustración diré que me llevó cierto tiempo entender la última línea de mi haiku: «llamándome al trabajo». El piar de los pájaros puede incitar a una infinita variedad de pensamientos, de sentimientos y recuerdos. En esta ocasión me llevó al murmullo poco distinguible de la conversación telefónica con la que, en la habitación contigua, mi mujer estaba preparando su conferencia. El escuchar el piar de los pájaros me hizo pensar que el murmullo telefónico que percibía indistintamente del otro lado de la pared era también como un piar. Y todo ello originó la segunda línea del haiku.

Las nuevas asociaciones de lo que sucedía dentro de casa y lo que estaba sucediendo fuera —otros seres que también estaban trabajando— hizo que mi poema tomara una determinada dirección, al ver como ambos coincidían en cierto modo. Pero entonces sentí una especie de tensión al ver que algo no me cuadraba: dos cosas, completamente diferentes, tenían sin embargo algo en común, pero ¿qué era? ¿Cómo podían encajarse ambas en el mismo contexto? Al principio solamente percibí la tensión ya mencionada producida por aquellos dos elementos: pájaros piando/teléfono piando. Sí, era agradable encontrar cierta conexión entre ambos sonidos;

pero eso no era suficiente. ¿Qué estaba en juego en todo aquello? ¿En dónde se hallaba el profundo origen de esta inteligente comparación? Al cabo de una pausa elocuente me surgió repentinamente una introspección, acompañada de una sensación de cambio corporal: en realidad se trataba del desafío que significaba para mí ponerme a trabajar: era el esfuerzo de tener que concentrarme en el siguiente capítulo de mi libro. Un esfuerzo al que no hubiera prestado atención si los elementos que me llegaban de mi propio entorno no me hubieran impulsado a emprender el trabajo de escritura. Atendiendo a todo ello surgió de inmediato la tercera línea «llamándome al trabajo». De esta forma se deshizo la tensión que antes sentía, y se completó el haiku de una forma inesperada.

Una de las cosas que más me gustan del haiku es ver cómo engloba todo aquello que he ido escribiendo, e incluso mucho más. Pero es el lector el que tiene que encontrar su propio modo de dar sentido a esa forma de expresión tan comprimida En el haiku mencionado la tercera línea es, a primera vista, una especie de «non sequitur», de conclusión que no tiene mucho sentido. ¿Se han puesto a trabajar los pájaros? Bueno, en cierto sentido, sí. ¿Están trabajando las personas que hablan por teléfono sobre la conferencia? Indiscutiblemente. Pero el giro inesperado, ese flash de una fresca introspección, es que ambas cosas tienen que ver conmigo y hacen que me ponga a trabajar.

Claro está que mi sencillo haiku no es una poesía inmortal, pero confío en que indique en cierta medida el papel que la percepción sensible desempeña en el proceso creativo; la necesidad de recurrir a una fuente no conceptual; y la comprensión novedosa y la expresión que pueden surgir de todo ello. También quisiera decir que la expresión creativa, aun cuando no alcance altas cotas de calidad, constituye un elemento válido para su creador en la medida en que ha encontrado algo nuevo y fresco en su experiencia personal; algo que hace progresar su vida, aunque sea simplemente en una medida pequeña, pero sutil.

Tras mi sesión de trabajo matinal salí a dar un paseo con Luna. Estas caminatas suelen dar pie frecuentemente a un nuevo haiku; y no porque tenga la intención de «escribir un haiku», sino porque siempre surge algo en el ambiente que me sacude de un modo vívido e inusual. Este mediodía fueron las escasas manchas de nieve que aun quedaban, residuos de una copiosa nevada de los últimos meses invernales, ya próximos a la primera semana de la primavera.

Últimas manchas de nieve
cubiertas de grava y hojas muertas
se entregan a los azafranes.

Por un lado se trata de una observación muy corriente: cualquiera puede darse cuenta de los montones de nieve apilada, y de las amarillas y moradas flores de azafrán que tratan de abrirse paso entre los detritus del invierno. Pero esas líneas también expresan un instante muy particular; una experiencia y un sentimiento personales; algo que se ha disparado al ver la nieve derretida y sucia, resto patético de aquella impresionante ventisca de febrero que nos sepultó bajo medio metro de nieve, y que obligó a que el gobernador del Estado prohibiese el tráfico rodado durante veinticuatro horas. Algo patético y, sin embargo, atractivo.

Cuando ya me había fijado en los montones de nieve sucia y los azafranes, surgió un tercer verso: «amarillo y morado». Esos colores, tan frescos y vívidos, establecían un contraste entre la nieve sucia y la tonalidad de la naciente primavera, evocando la transición del peso de lo viejo a la vida nueva. Pero cuando constaté mi percepción sensible me di cuenta de que estaba prestando demasiada atención a los azafranes y no la suficiente a lo que disparaba mi sentimiento: aquellos sucios y más que patéticos montones de nieve. Tuve que intentarlo varias veces para encontrar el verso «cubiertas de grava y hojas muertas». Finalmente lo encontré al ver, gracias a mi percepción sensible, lo que, en principio, me había motivado a escribirlo. Y debido a cierta alquimia, que en el fondo todavía no logramos comprender, la percepción sensible generó esa frase: «cubiertas de grava», que constituía una perfecta conjunción de sonido y sensación. También tuve que intentarlo unas cuantas veces para encontrar esa magnífica expresión *se entregan*, que parece encerrar tanto el desmoronamiento de la nieve como el encanto que yo sentía al encontrar la expresión. Finalmente, esa extraña palabra, *azafrán*, dio el punto justo de la primavera. La misma palabra introduce el concepto de un color fresco: ya no era necesario resaltar el morado ni el amarillo.

Disculpe el lector por haberle hecho partícipe de mis esfuerzos poéticos; pero mi intención era sencillamente estimular la semilla de su creatividad, la cual quisiera que tuviese siempre en cuenta.

Ejercicio 17.1
Componer un haiku

Intente componer esa forma poética de tres líneas que es el haiku. Para empezar no se preocupe por contar correctamente las sílabas, pero tenga siempre presente la forma en que ha de ir progresando el poema:

1. Observación inicial.
2. Elaboración o cualificación de la observación.
3. Un salto, un giro, una percepción fresca o una introspección, más-que-lógica, provocada por la percepción sensible.

Las tres líneas de la composición no tienen por qué venirle a la mente de forma ordenada. Algunas veces el salto —ese pensamiento o esa nueva percepción— puede surgir al principio. Después, el reto estriba en consultar a su percepción sensible para hallar el origen de donde parte esa nueva impresión.

Cuando usted haya compuesto esas tres líneas que parece que han logrado capturar la experiencia que ha vivido, vea si puede modificarlas para adecuarlas a la métrica del haiku, de cinco-siete-cinco sílabas. La clave está en contrastar esos versos con su percepción sensible. Han de conservar la esencia de la inspiración original para ir profundizando posteriormente, de manera que esa inspiración se perciba como algo más auténtico.

Para que le sirvan de inspiración, vamos a poner dos ejemplos: el primero pertenece a Matsuo Basho (traducido del japonés al inglés por Sam Hamill), y el segundo es de Chögyam Trungpa. El haiku de Basho se atiene a la forma clásica de las diecisiete sílabas, mientras que el de Trungpa tiene una métrica libre. Ambos, sin embargo, muestran en sus tres líneas el proceso de observación/expansión/salto de progresión *.

Azaleas colocadas
cuidadosamente, y una mujer
desmigando bacalao seco.

Esquiar en atuendo rojo y azul
beber cerveza fría con una agradable sonrisa
me pregunto si yo soy uno de ellos.

---

* Como resulta obvio, al realizar la traducción al castellano, la métrica del haiku, de cinco-siete-cinco sílabas, se ve forzosamente alterada. *(N. del T.)*

18

Ampliando el espacio

En lo dicho hasta ahora se ha puesto mucho énfasis en la importancia que tiene la cordialidad de los sentimientos; en el hecho de mostrarnos sinceros, amables y afectuosos. El yo soberano se ve animado por un sentimiento de cordialidad y, al mismo tiempo, posee un aire de serenidad, de desapasionamiento. Es la serenidad que proporciona el desapego, el ver las cosas como son, libres de nuestras propias esperanzas y temores.

Chögyam Trungpa solía describir la meditación mindfulness como «un sereno aburrimiento». Tal vez esta definición nos pueda sonar poco atractiva, pero lo que él quería resaltar era un aspecto de la sabiduría. Es la serenidad que tiene un hermoso día invernal, en el que cada detalle del entorno se manifiesta con gran claridad: son días fríos pero espaciosos; un tanto ásperos pero, sin embargo, plenamente auténticos.

He aquí un poema de Wallace Stevens que evoca con fuerza lo fundamental de ese sereno aburrimiento:

El hombre nieve

Es necesario tener la mente del invierno
para observar la escarcha y las ramas
de los pinos cubiertos de nieve.

Y haber sido frío durante mucho tiempo
para contemplar los enebros empolvados de hielo,
las ásperas piceas con el distante brillo

del sol de enero; y no percibir
tristeza alguna en el sonido del viento,
ni en el rumor de unas pocas hojas,

pues es el sonido de la tierra
plena del mismo viento
que sopla en idénticos y áridos lugares

Para el que atiende, para quien atiende en la nieve,
y no contempla nada, excepto a sí mismo
nada hay que no esté allí, ni nada que esté. [1]

A menudo se considera nihilista este poema, que evoca la vacuidad de un mundo entregado a las emociones y a las interpretaciones.
Yo, por el contrario, lo considero altamente positivo. El hombre
nieve, el observador, que es «nada en sí mismo», no es un vacío
carente de sentido, sino más bien un conocedor imparcial y des-
apasionado que no lanza al mundo sus propios deseos y sus miedos.
Él ve «nada que no esté allí», pero también ve «la nada que está»,
la infinita complejidad de las cosas tal y como son.

La contemplación de los vastos espacios y de los vívidos detalles que nos ofrece el mundo —no solamente en invierno, sino en cualquier estación del año— puede ampliar la sensibilidad de nuestro espacio interior. Del mismo modo que la tierra y el cielo se adecuan a un conjunto infinito de formas y criaturas, el yo soberano es también un espacio de la mayor atención que se acomoda a la complejidad y a la variedad de texturas de todas nuestras percepciones, pensamientos y sentimientos.

Veamos seguidamente una versión del mismo ejercicio que presentábamos al principio de este libro, en la Presencia Arraigada de la Atención, ampliado en esta ocasión para que usted pueda abarcar el mundo de la Naturaleza y nuestra presencia en él.

Ejercicio 18.1
Ampliando el espacio

Salga fuera de casa, a un jardín, a un parque o a un espacio abierto. Busque un lugar tranquilo desde el que pueda ver las plantas, los árboles, las rocas, etc., y desde el que también pueda contemplar el horizonte (tanto si se trata de un paisaje natural como de uno artificial y urbano). Si puede, siéntese en la tierra, o sobre una roca o un tronco. Acomode el cuerpo y sienta cómo el peso del mismo se apoya en la tierra. Al cabo de un rato, dígase para sus adentros: «Arraigado en la tierra».

Concentrando la atención en su sentido de la vista, fíjese en una planta, en una piedra o en cualquier otra cosa que no esté más allá de un metro y medio. Mírelo como si nunca antes hubiera visto algo parecido a eso. Percíbalo de un modo vívido y natural, observando las peculiaridades de su forma, color, textura y situación. Abarque toda su presencia, aquí y ahora. No se deje llevar por otros pensamientos que puedan surgir en la mente.

Ahora fije la vista en algo que se encuentre un poco más lejos, por ejemplo a unos ocho o diez metros. De nuevo mire eso como si fuera la primera vez. Deje que las características de ese objeto se integren en usted. Si le es posible, haga esto mismo con un objeto que se encuentre a un poco más de distancia, quizá a unos veinte o treinta metros de donde usted se encuentra.

Ahora escoja un punto en el horizonte y mírelo fijamente, liberándose de todo tipo de pensamientos, centrándose exclusivamente en ese punto que ha escogido, sintiendo la presencia de ese lugar, dejando que su mirada descanse en él.

Por último, échele una mirada al cielo. Quizá haya en él nubes o bruma o, tal vez, se trate de un cielo azul y despejado. Sienta la vastedad y profundidad de ese cielo. Sin cambiar el foco de su mirada hágase consciente de todo su campo de visión, de todo cuanto puede abarcar con la mirada. Preste atención a otras sensaciones que puedan rodearle: el canto de los pájaros, el murmullo del agua o de las hojas, el olor de la tierra, de la hierba, de las flores, la sensación del viento en su rostro, la aspereza de la tierra o de la roca sobre la que se haya sentado.

Advierta la conjunción de todo cuanto le rodea en este preciso momento. Dígase: «Atento a todo ello».

Mantenga esta atención todo el tiempo que pueda, evitando todo pensamiento discursivo y resistiéndose a la tentación de volcar su mirada en cualquier otro objeto. Imagínese que acaba de llegar de Marte y nada de cuanto está viendo le resulta familiar. Todo le parece sorprendente pero extraordinariamente vívido: su color, su forma y su textura.

Usted también es consciente de su propia atención. Póngase una mano sobre el corazón y sienta su propia presencia. De forma gradual vaya extendiendo esta sensación de estar plenamente presente en todo el espacio que le rodea. Se encuentra presente en el ancho mundo, es parte de él, aquí y ahora. Dígase: «Presente en este mundo».

Permita que los espacios, el externo y el interno, coexistan en su atención. Incluso puede tener atisbos de una atención no dual, de una experiencia en la que quede anulada la diferencia que existe entre lo exterior y lo interior, entre uno y lo demás.

Si dispone de tiempo, y de espacio suficiente, puede hacer el siguiente ejercicio. De lo contrario, déjelo para otra ocasión.

Ejercicio 18.2
Paseando con lo maravilloso

Váyase al campo. Encuentre un lugar tranquilo y quédese en él. Mantenga bien abiertos los ojos y recorra los pasos de la Presencia Arraigada de la Atención (PAA). En lo que se refiere al arraigo, al afianzamiento, preste atención al contacto de los pies con el suelo y deje que el peso del cuerpo se asiente en la tierra. En cuanto a la atención, concéntrese en los sentidos de la vista y del oído. Para la presencia, póngase la mano sobre el corazón y siéntase presente tanto en lo que se refiere al cuerpo como al espacio abierto que le rodea físicamente.

Deje que su atención se vea captada por una flor, una hoja, una rama, una piedra u otro objeto natural. Mírelo como si fuera la primera vez que lo ve. Contémplelo, apreciando todas sus formas y cualidades. Deje que ese elemento se haga algo vivo en usted.

Sin perder de vista ese objeto exterior interiorice su atención y advierta si existe una correspondencia con su percepción sensible. Es posible que, al principio, no haya mucha, pero aguarde pacientemente (prestando atención, tanto al objeto exterior como a su interior) y compruebe si esa percepción sensible va surgiendo en usted al cabo de un rato. Advierta cualquier tipo de pensamiento que pueda surgir, y siga prestando atención tanto al objeto como a la percepción sensible. Deje que esta última se haga más profunda, que cambie o que se mueva en la dirección que desee.

Siga paseando sin rumbo fijo, dejando que las cosas capten su atención, dedicándoles a cada una su tiempo. Contémplelas y sienta lo que va percibiendo corporalmente. A medida que vaya dejando de observarlas agradezca su presencia en el mundo. Dígase, o interiorice, una frase de silencioso agradecimiento. Camine despacio, percibiendo la tierra bajo sus pies y manteniendo abiertos todos sus sentidos: el oído, el olfato, el tacto y la vista. Sienta cómo usted se va moviendo por el mundo.

Quisiera cerrar este capítulo con una maravillosa cita de Johann Wolfgang von Goethe, el gran escritor romántico alemán que fue, al mismo tiempo, un científico de vanguardia:

> El ser humano se conoce a sí mismo solamente en la medida en que conoce el mundo; percibe el mundo solamente en sí mismo, y el sí mismo solamente lo percibe a través del mundo. Cada nuevo objeto, visto con claridad, abre en nosotros un nuevo órgano de percepción. [2]

19
Contemplación:
Percibir al máximo

ESTE libro ha sido escrito pensando en usted, como individuo; para que encuentre y cuide su percepción sensible interior, desarrolle la capacidad de su yo soberano, y trate de superar el hermoso e intrincado proceso de la vida, encarnado en su existencia singular. Pero me gustaría puntualizar brevemente cierto tipo de superación que es más grande que cualquiera de las experiencias y vivencias que pueda tener la vida de una persona.

Este contexto más amplio tiene dos dimensiones: Está la dimensión del «más que mí», es decir, la dimensión de los demás. La dimensión de las comunidades de las que formamos parte; de esas otras comunidades, culturas y civilizaciones existentes; de esos seres que vivieron en el pasado y que se esforzaron para que nosotros pudiéramos heredar la sociedad que ellos habían creado. Y, por último, de esos otros seres, que todavía no han nacido, y de los que esperamos que sepan mantener y enriquecer el legado que les dejamos.

Pero también hay otra dimensión: la del «más que yo». Se trata de un espacio mayor, de una conciencia, o de un poder, que trasciende nuestro sentido del yo. Es el reino de lo espiritual, de la transformación, del llegar a ser del yo. De la disolución del yo en algo más grande que el propio ego. Dogen, el famoso maestro de zen, encerraba esas dos dimensiones, la del «más que mí» y la del «más que yo» en esta hermosa y profundamente paradójica descripción de la senda del despertar espiritual.

> Estudiar la senda del buda es estudiar el yo. Para estudiar el yo hay que olvidarse del yo. Olvidarse del yo es verse realizado por miríadas de cosas. [1]

Para mí la esencia de lo espiritual no es alcanzar un estado final de iluminación o de salvación, sino más bien esta posibilidad, siempre presente, de llegar a ser «más». Se trata de una forma paradójica de llegar a ser más, porque es al mismo tiempo una forma de llegar a ser menos; de liberarnos de nuestro viejo sentido del yo. Del mismo modo que la serpiente se despoja de su vieja piel, o la mariposa emerge de su estado de crisálida, también nosotros hemos de romper lo que hasta ahora nos ha contenido, protegido e identificado, para surgir a algo más lozano, más vulnerable, tal vez más temible, pero que se halla dispuesto a emprender una nueva etapa de nuestro camino.

En el capítulo 15 vimos cómo la toma de decisiones importantes conlleva, frecuentemente, hacerse preguntas desafiantes: ¿Qué es lo que me estoy jugando aquí? ¿Qué es lo que está dispuesto a morir? ¿Qué está dispuesto a nacer? Cuando nos formulamos esta clase de profundas preguntas, se convierten en desafíos para la autotrascendencia: ¿Qué me juego como persona? ¿Qué está en mí o en mi entorno que esté dispuesto a morir? ¿Qué es lo que necesito que nazca lozano en mí? Todas ellas son preguntas que no parecen tener una solución muy cómoda, ya que me están desafiando a crecer, a cambiar, a convertirme en algo más de lo que hasta ahora he sido; en volverme más fuerte, más amable, más responsable, más afectuoso. ¿No estarán estas preguntas invitándome, quizá, a vivir de un modo totalmente nuevo?

En una toma de decisiones nos esforzamos en esclarecer una situación; en la autotrascendencia es como si la situación nos esclareciera a nosotros. Al habernos convertido en unas personas diferentes vivimos una disolución, o reintegración, en algo más grande. En ocasiones este proceso de autotrascendencia sucede de una forma abrupta, quizá como consecuencia del impacto que nos ha causado un acontecimiento que está fuera de nuestro control. También podemos abrirnos conscientemente a un proceso de transformación mediante ejercicios y prácticas de tipo contemplativo, como es el caso del Centramiento presencial.

La esencia de estas prácticas contemplativas es establecer un momento de pausa en nuestra actividad diaria, y centrar la atención de manera que pueda surgir algo —a su debido tiempo y a su propia manera— procedente de ese reino, infinitamente generativo, de un conocimiento que está en nosotros pero que todavía no se ha formado. Un conocimiento que se halla implícito en nuestro cuerpo.

Debido a que los procesos corporales son más lentos que los mentales, es posible que nada suceda de forma rápida. Lo importante es que no nos sintamos dominados por la impaciencia, por la duda o el desánimo, sino que sencillamente sepamos esperar y concedamos a nuestra percepción sensible, a nuestro saber corporal, todo el tiempo que sea necesario. T. S. Eliot describe esta clase de necesaria espera en estas líneas, profundamente contemplativas, de sus *Cuatro cuartetos*:

> Espera sin pensamiento, porque todavía no estás listo para pensar. Ya que la oscuridad será luz, y la quietud danza. [2]

Se puede percibir la autotrascendencia como un retorno al origen más profundo del ser. El poema de William Butler Yeats, *Un diálogo entre el ego y el alma,* que constituye una apasionada confrontación con su propio sentido de la identidad, concluye con estos versos:

> Me alegra seguir hasta su fuente
> todo hecho real o mental;
> todo lo sopeso y todo me lo perdono.
> Cuando expulso el remordimiento
> gran dulzura inunda mi pecho.
> Debemos reír y debemos cantar,
> por todo somos bendecidos
> todo cuanto vemos bendito está. [3]

Estos dos últimos versos constituyen una apasionante evocación de esa dimensión «más que yo»; es la comunidad de todos los seres, de toda la existencia; lo que el maestro budista Thich Nhat Hanh denomina «interser». En cuanto reconocemos nuestra «sub-mismidad», nuestra propia multiplicidad, también nos damos cuenta de que, a la vez, pertenecemos a una mayor constelación de seres. Y cuando la sentimos profundamente, esta comprensión es de orden espiritual pero, al mismo tiempo, también es ética, cultural e histórica. Participamos en una dinámica recíproca, en la cual las tensiones sociales, económicas y medioambientales conducen al individuo a profundizar en su autocomprensión y a experimentar transformaciones personales que, a su vez, fortalecen el cambio social y cultural. Lo personal es político, y lo espiritual es práctico. «En nuestro tiempo», decía Dag Hammarskjold, «el camino hacia lo sagrado pasa necesariamente a través del mundo de la acción».

El siguiente ejercicio que proponemos marca un final y también —eso espero— un principio. Le invito a que ponga en práctica la capacidad de la percepción sensible que ha estado desarrollando hasta ahora para que pueda acceder a la práctica espiritual de la contemplación. Se lo ofrezco como un complemento de cualquier tipo de recursos, ya sean espirituales, filosóficos, religiosos o éticos que usted ya posea. No está concebido para reemplazarlos, sino para profundizar en ellos y para enriquecerlos

---

Ejercicio 19.1
Percibir al máximo

Seguidamente le propongo siete declaraciones. Tal vez sean válidas para usted, o tal vez no. Dígalas en silencio o, si prefiere, en voz alta. Pruebe las palabras que se sugieren entre paréntesis y sustitúyalas por las que considere más apropiadas. Espere. Contacte con su percepción sensible y preste atención a las respuestas que le llegan a cada declaración. Puede llegar como una percepción sensible, como una comprensión, o como las dos cosas juntas. Sea lo que fuere lo que llegue a percibir, obsérvelo y acéptelo amablemente. Si no le llega ninguna respuesta en relación a una declaración concreta, o si lo que le llega no lo percibe como algo auténtico y natural, espere un rato antes de pasar a otro punto. No es necesario que le llegue una respuesta; la espera en sí ya es suficiente.

- Algo en mi sentido de identidad (quién soy, todo lo que me concierne) ya no encaja (me sirve bien, sienta bien…).

- Algo está dispuesto a morir (dejarlo ir, disolver, cambiar...).
- Algo está dispuesto a nacer (aparece, se manifiesta, se anima...).
- Estudiar el yo es olvidarse del yo.
- La oscuridad será la luz, y la quietud la danza.
- El camino hacia lo sagrado pasa a través del mundo de la acción.
- Somos bendecidos por todo; todo lo que consideramos es una bendición.

Se puede encontrar la sabiduría en cualquier parte y en todas partes. Las frases que se mencionan más arriba son simples sugerencias que tratan de reflejar los temas tocados en este libro; en otros casos son palabras de sabiduría que me han parecido significativas. Usted encontrará sus fuentes de meditación en el contex-to y en los sucesos de su propia vida; quizá las encuentre en un texto sagrado, en un poema, en una canción, en una película, en las afectuosas palabras de un amigo, en sus propias palabras que le llegan de una manera natural, o a través de unas imágenes. Medite, sienta aquello que es lo más importante, confíe en su percepción sensible.

Y no le asuste el que tenga que esperar.

Vamos a concluir en donde empezamos; con la evocadora descripción que hace John Keats sobre la capacidad negativa:

Capaz de vivir en la incertidumbre, en el misterio, en la duda; sin necesidad de hacer búsqueda alguna de hechos y de razones.

Apéndice

Protocolo de Centramiento Mental

1. Presencia Arraigada de la Atención (PAA).

   - Concentre la atención en su base (arraigada), cabeza (atención) y corazón (presencia).
   - (Versión reducida); asiente bien su cuerpo, deseche los pensamientos, concentre la atención en el interior de su torso.

2. Encontrar la percepción sensible.

   - Adopte una actitud de amistosa atención o atención cordial.
   - Advierta lo que retiene su cuerpo: «algo» o «algo en mí».
   - Pregúntese: «¿Qué requiere mi atención en este momento?».
   - Inicie con una determinada situación.

     – Recuerde la situación durante uno o dos minutos.
     – Deseche el relato.
     – Perciba e sentimiento que subyace al sentimiento.

3. Concéntrese en la percepción sensible.

- Describa las cualidades de esa percepción mediante una palabra, una frase, una metáfora, una imagen o un gesto.
- Busque la resonancia interna ¿encaja esa descripción? ¿Se asemeja a la percepción sensible?

4. Investigación empática.

- Formule una pregunta y espere a que le responda su percepción sensible.

  – ¿Qué me hace sentir así (eso, tú, yo)......?
  – ¿Qué es lo peor de todo esto?
  – ¿Qué me asusta (eres tú, soy yo)?
  – ¿Qué necesito (eres tú, soy yo)?

5. Apreciando lo que llegue.

- Advierta y acepte cualquier pequeño paso, cambios sensibles e introspecciones.
- Una vez aceptados estos puntos, pregúntese: «¿Hay algo más?».
- Elija el momento en que debe parar.

  – Un diario (recomendado).

- Muestre agradecimiento a su cuerpo.

6. Reinserción en el mundo que le rodea.

- Retome un estado de Presencia Arraigada de la Atención.
- Ábrase con serenidad al mundo exterior; advierta y aprecie serenamente lo que le rodea.
- Sienta su propia presencia como parte de un entorno mayor.

Notas

Introducción

1. Carl R. Rogers, *On Becoming a Person: A Therapist's View of Psychoterapy* (Houghton Mifflin, Boston, 1961), p. 17.

Capítulo 1: Pasos para encontrar la percepción sensible

1. John Keats, *Complete Poems and Selected Letters of John Keats* (Modern Library, Nueva York, 2001), p. 492.

Capítulo 5: Trabajando las situaciones

1. Eugene Gendlin, *A Process Model* (Spring Valley, The Focusing Institute, Nueva York, 1997), p. 233.

Capítulo 10: *Mindfulness*, atención y el Yo soberano

1. Jon Kabat-Zinn, *Wherever You Go, There You Are* (Hyperion, Nueva York, 1994), p. 4.
2. Chögyam Trungpa, *Work, Sex, Money: Real Life on the Path of Mindfulness* (Shambala Publications, Boston, 2011), p. 208.

Capítulo 11: La profunda naturaleza del proceso vital

1. V.S. Ramachandran, citado en la obra de Thomas Metzinger, *The Ego Tunnel: The Science of the Mind and the Myth of the Self* (Basic Books, Nueva York, 2009), pp. 109-110.

Capítulo 13: Atención profunda

1. Daniel Siegel, *Mindsight: The New Science of Personal Transformation* (Bantam Books, Nueva York, 2010), p. 27.
2. Martin Luther King, Jr., *Strength to Love* (Fortress Press, Minneapolis, Minn., 1981), p. 119.

Capítulo 14: Conflicto

1. Dag Hammarskjold, citado en la obra de Roger Lipsey, *Hammarskjold: A Life* (University of Michigan Press, Anne Arbor. Mich., 2013), p. 193.

Capítulo 16: Subcomprensión

1. Annie Dillard, «Write Till You Drop», *New York Times*, 28 de mayo, 1989.
2. T. S. Elliot, *Anabasis: St, John Perse* (Harcourt, Brace, Nueva York, 1938), p. 10.

Capítulo 17: «El primer pensamiento, el mejor pensamiento"

1. Isadora Duncan, citada en la obra de Gendlin, *A Process Model*, p. 216.

Capítulo 18: Ampliando el espacio

1. Wallace Stevens, *The Collected Poems of Walace Stevens* (Vintage Books, Nueva York, 1990), p. 9.
2. Johann Wolfgang von Goethe, *Scientific Studies* (N.J. Princeton University Press, Princeton, 1988), p. 39.

Capítulo 19: Contemplación

1. Dogen, *Treasury of True Dharma Eye* (Shambhala Publications, Boston, 2010), p. 30.
2. Extractos de *Four Quartets*, de T.S.Eliot. Copyright 1943 de T. S. Eliot y renovado en 1971 por Esme Valerie Eliot. Utilizado con el permiso de Houghton Miffin Hasrcourt Publishing Company, y Faber and Faber, Inc. Reservados todos los derechos.
3. W. B. Yeats, *Collected Poems* (Scribner, Nueva York, 1996), p. 236.

Fuentes para prácticas
y estudios superiores

Bibliografía informática

www.mindfulfocusing.com. Es mi propia página informática en
la cual podrá encontrar un catálogo de los próximos programas
y clases telefónicas, de mi blog, de artículos, grabaciones y más
cosas. También ofrezco sesiones de enseñanza y guía. Mi e-mail
es david@mindfulfocusing.com.

www.focusingresources.org. Es la página web de Ann Weiser Cornell, creadora de Inner Relationship Focusing, y de sus colegas.
En ella podrá encontrar artículos libres, fuentes de audio y una
rica oferta de cursos telefónicos, sesiones privadas y programas
intensivos.

www.focusing.org. Es la página del Focusing Institute, la organización central de Centramiento para todo el mundo: escritos
de Eugene Gendlin y otros; directorio internacional de los ins-
tructores Centramiento; boletín de los próximos programas;
artículos sobre la aplicación de Centramiento en campos profe-
sionales; libros, audios, DVD sobre Centramiento y más cosas.
El Focusing Institute es una organización asociativa que ofrece
ventajas adicionales a sus miembros.

Bibliografía

Cornell, Ann Weiser: *The Power of Focusing: A Practical Guide to Emotional Self-Healing* (New Harbinger Publications, Oakland, California, 1996). Un excelente texto introductorio.

Gendlin, Eugene: *Focusing* (Bantam Books, Nueva York, 2007). La introducción clásica al Centramiento, y una puerta a muchas otras fascinantes obras y artículos de Gendlin.

Trungpa, Chögyam. *Shambhala: The Sacred Path of the Warrior* (Shambhala Publications, Boston, 2007). Otro clásico con inspiradoras descripciones de la senda de la automaestría, que incluye capítulos sobre la sincronización de mente y cuerpo, patrones de superación y presencia auténtica.

Nota sobre el autor

David I. Rome es profesor, escritor y asesor de métodos de aplicación contemplativa para el cambio, en el ámbito personal, organizativo y social. Es coeditor de *Mindfulness-Oriented Interventions for Trauma: Integrating Contemplative Practices* (Guilford Press, 2015). Como miembro y director del Garrison Institute, desde 2004 hasta 2011, dirigió el desarrollo de programas sobre aplicaciones contemplativas en trabajos sobre educación K-12, tratamiento de traumas y cambio climático. Fue asimismo vicepresidente del departamento para la planificación y desarrollo de la Greyston Foundation, asociación pionera de inspiración budista para el desarrollo de las comunidades en zonas pobres urbanas, y presidente de Schoken Books, en la ciudad de Nueva York.

David empezó a practicar el budismo en 1971 y desempeñó el puesto de secretario privado del maestro tibetano Chögyam Trungpa. Estuvo muy involucrado en el desarrollo de la Naropa University y Shambala International, siendo profesor decano de Shambhala Training. Estudió Centramiento (Focusing) con Eugene Gendlin, Ann Weiser Cornell, Robert Lee y otros. Es Certifying Coordinator (preparador decano) del Focusing Institute, y dirige cursos avanzados de preparación meditativa en Shambhala International.

Su dirección informática es www.mindfulfocusing.com.

Índice de términos

apego, 137
apreciación, 32, 87, 116, 187
atención, 41, 48, 205
    atención cordial, 40-45, 50, 149, 207
    atención panorámica, 115-116
autoempatía, 87, 97-98, 119, 152
autopoiesis, 122

Basho, Matsuo, 193
Boulder, Colorado, 15
Brower, Reuben, 184
Buda, 17, 116, 202
Budismo tibetano, 117

cambio, 120-122
capacidad negativa, 37-38, 206
Centramiento (*focusing*), 16-18, 22-24, 81, 129
compasión, 98, 108, 151 (véase también *autoempatía*)
comunicación, 32, 144
conciencia, 14, 26, 30, 38, 51, 113-116, 128-129, 201
conversación no violenta, 161

conflicto, 151-164, 170-171
Cornell, Ann Weiser, 18, 101
crítica interna, 96-108
Descartes, René, 116
desidentificación, 61, 152
Dickinson, Emily, 181
Duncan, Isadora, 185-186, 212

Elliot, T. S., 212
emociones, 21, 23, 26, 48, 56, 61, 103, 112, 114, 195
empatía, 96-108, 118, 142-144, 149, 157, 162
escritura, 189 (véase también *haiku*)
experiencia directa, 51-52. 72

«fase yogurt», 184
Felt sense, 25, 28 (véase *percepción sensible*)
filosofía de lo implícito, 32, 109, 123
Friedman, Tom, 120

Ginsberg, Alan, 18, 185
Glassman, Bernie, 16, 18

Goethe, Johann Wolfgang, 200, 213
Greyston Foundation, 16, 18, 217

Halifax, Nueva Escocia, 15
Hamill, Sam, 193
Hammarskjold, Dag, 163, 204, 212
hombre nieve, El, 195

introspección, 92, 116, 133-140, 172,
188-189, 192
interser, 204
intención, 41, 80, 92, 97, 148, 177

Kabat-Zinn, Jon, 112
Kandinsky, Vasily, 181
Karmé Chöling, 14, 19
Keats, John, 37, 68, 206
King, Martin Luther, Jr., 144, 212

McGavin, Barbara, 101
Maturana, Humberto, 122
mindfulness, meditación, 17-18, 24,
55, 109, 111-119, 194
Mipham Rinpoche, Sakyong, 16

Naropa University (anteriormente,
Naropa Institute), 15, 19, 217

percepción sensible, 25-29
beneficios, 24
comprensión desde, 179-184
cualidad paradójica de, 48

desafíos de, 32-34
descripción, 78, 80-83, 87, 90,
94
diálogo con, 68, 84
ejemplo de trabajar con, 51, 70
en el proceso creativo, 185-189
en la vida diaria, 133
en Protocolo de Centramiento
Presencial, 93-96, 149, 207-
209
pensamiento conceptual, 51, 184
presencia de, 68-69, 77-78
relatos y, 52-53
trabajando con situaciones, 70-74
«primer pensamiento», 185-193
presencia, 38-40, 116
Presencia Arraigada de la Atención, 38, 40, 94, 111, 149, 196,
198, 207, 209
poesía, 181
procesos detenidos, 125
Process Model, A (Gendlin), 71

Ramachandran, 126, 212
recibir, 87
relaciones, 84, 96, 120, 133, 141,
146
relato, 52-53, 78, 154
resonar, 89
Rogers, Carl, 25, 43, 211
Rosenberg, 161
ruptura y reajuste, 143

sabiduría, 24, 97, 151, 194, 206
Samye Ling, 14
Schocken, Salman, 15
Schoken Books, 217
Shambhala International, 15, 19
Siegel, Daniel, 18, 19, 112, 143, 212
Stevens, Wallace, 194, 213
superego, 99

terapeutas, 25, 107
Terencio, 157
Thich Nhat Hanh, 204
Trungpa Rinpoche, Chögyam, 14-18, 24, 111

sobre el proceso corporal, 184
sobre el proceso creativo, 185-186
sobre «cuadrícula cero», 55
sobre *mindfulness*, 194
sobre vivir en el presente, 116

valores, clarificación, 162-163
Varela, Francisco, 18, 38, 122
vistas del inconsciente, 128

Whitman, Walt, 182

Yeats, William Butler, 122, 204, 213